고양이 철학

고양이 철학
고양이와 삶의 의미

지은이 / 존 그레이
옮긴이 / 김희연
펴낸이 / 강동권
펴낸곳 / (주)이학사

1판 1쇄 발행 / 2021년 5월 15일
1판 3쇄 발행 / 2024년 11월 20일

등록 / 1996년 2월 2일 (신고번호 제1996-000015호)
주소 / 서울시 종로구 율곡로13가길 19-5(연건동 304) 우 03081
전화 / 02-720-4572 · 팩스 / 02-720-4573
홈페이지 / ehaksa.kr
이메일 / ehaksa1996@gmail.com
페이스북 / facebook.com/ehaksa · 트위터 / twitter.com/ehaksa

한국어판 ⓒ (주)이학사, 2021, Printed in Seoul, Korea.

ISBN 978-89-6147-382-8 03100

* 책값은 뒤표지에 표시되어 있습니다.

고양이 철학

고양이와 삶의 의미

존 그레이 지음 · 김희연 옮김

이학사

일러두기

1. 이 책은 John Gray, *Feline Philosophy: Cats and the Meaning of Life*(Allen Lane, 2020)
   를 우리말로 옮긴 것이다.
2. 숫자로 표기한 미주는 지은이의 것이고, 별표(*)로 표기한 각주는 옮긴이
   의 것이다.
3. 원서의 이탤릭체를 우리말로 옮길 때는 고딕체로(단 도서명은 『 』로) 표기
   하였다.
4. 부호의 쓰임은 다음과 같다.
   『 』: 책 제목
   「 」: 글, 시 제목
   〈 〉: 그림, 영화 제목
   ( ): 지은이의 부연 설명
   [ ]: 인용문에서 지은이의 부연 설명
   …: 인용문에서 지은이의 중략 및 후략

차례

1
고양이와 철학

언젠가 한 철학자가 자신의 고양이를 채식주의자가 되게 했다고 나에게 단언했다. 나는 그가 농담을 하는 거라고 생각하면서 어떻게 그런 위업을 이루었냐고 물었다. 그가 고양이에게 쥐 맛이 나는 채식 간식을 주었을까, 이미 채식을 실천하고 있는 다른 고양이를 자기 고양이에게 역할 모델로 소개했을까, 아니면 고양이와 논쟁을 해서 고기를 먹는 일은 잘못됐다고 설득했을까? 내 대화 상대는 즐거워하지 않았다. 나는 그가 실제로 고양이가 고기 없는 식단을 선택했다고 믿는다는 걸 알아차렸다. 그래서 우리의 대화를 질문으로 끝냈다. 고양이가 밖에 나갑니까? 그는 그렇다고 대답했다. 그 대답으로 수수께끼는 풀렸다. 분명 고양이는 다른 집을 찾아가고 사냥을 하면서 끼니를 잇고 있었다. 고양이가 어떤 동물의 사체를 집으로 가져왔더라도 ― 유감스럽게도 윤리적으로 발달되지 않은 고양이들이 너무나 하기 쉬운 행동이다 ― 그 고결한 철학자는 그것을 알아채지 못했을 것이다.

이런 도덕교육 실험을 받는 처지였던 그 고양이가 인간 선생을 어떻게 생각했을지 상상하는 것은 어렵지 않다. 철학자의 행동이 불러일으킨 당혹감은 곧 무관심으로 이어졌을 것이다. 분명한 목적을 이루기 위해서라거나 즉각적인 즐거움을 만들어내기 위해서가 아니라면 좀처럼 아무것도 하지 않는 고양이들은 극도의 현실주의자들이다. 그들은 인간의 어리석음과 맞닥뜨리면 그냥 떠나버린다.

고양이가 고기 없는 식단을 선택하도록 설득했다고 믿었던 그 철학자는 단지 철학자가 얼마나 어리석을 수 있는지를 보여줄 뿐이다. 그가 고양이를 가르치려고 노력하는 대신 고양이에게서 배워보려고 했다면 그는 더 현명해질 수 있었을 것이다. 인간은 고양이가 될 수 없다. 그러나 인간이 우월한 존재라는 생각을 제쳐둔다면, 고양이들이 어떻게 살아야 하는가를 걱정스레 묻지 않고도 어떻게 잘 살 수 있는지 이해하게 될지도 모른다.

고양이에게는 철학이 필요 없다. 고양이는 자신의 본성을 따르기 때문에 삶이 자신에게 주는 것에 만족한다. 반면 인간에게는 자신의 본성에 대한 불만이 자연스러운 것 같다. 예상대로 그 결과 비극적이고 우습게도 인간 동물human animal은 자신이 아닌 어떤 것이 되기 위한 분투를 결코 멈추지 않는다. 고양이는 그런 노력을 하지 않는다. 인간 삶의 대부분은 행복을 위한 투쟁이다. 반면 고양이들 사이에서 행복은 그들 자신의 안녕에 대한 실질적인 위협이 제거되면 그들이 기본적으로 가지고 있는 상태다. 그것이 우리 중 많은 사람이 고양이를 사랑하는 주된 이유일 것이다. 고양이는 태어날 때부터 지극한 행복을 갖고, 인간은 자주 그것을 획득하는 데 실패한다.

철학의 원천은 불안인데, 고양이는 위협받거나 낯선 장소에 있지 않는 한 불안으로 괴로워하지 않는다. 인간에게는 세상 자체가 위협적이고 낯선 장소다. 종교는 잔혹한 세계를 인간적으로 살 수 있게 만들려는 시도다. 철학자들은 대개 이런 신앙을 자신의 형이상학적 고찰보다 훨씬 아래에 있는 것으로 무시해왔지만, 종교와 철학은 같은 필요를 충족시킨다.[1] 양쪽 모두 인간이라는 것에 수반되는 지속적인 불안을 피하려고 노력하는 것이다.

어리석은 사람들은 고양이가 철학을 하지 않는 이유가 추상적 사고력이 없기 때문이라고 말할 것이다. 그러나 우리는 이 능력을 가지고도 여전히 세상을 편안하게 살아가는 고양 잇과 동물을 상상해볼 수 있다. 이 고양이들이 철학을 하기 시작한다면 철학은 환상소설의 재미있는 한 분야가 될 것이다. 이 고양이 철학자들은 철학을 불안의 해결책으로 생각하기보다는 일종의 유희로서 철학을 할 것이다.

고양이의 추상적 사고력의 결여는 열등함의 징후가 아니라 정신적 자유의 표지이다. 일반론적 사고는 언어에 대한 미신적 신앙에 쉽게 빠진다. 철학사의 대부분은 언어적 허구에 대한 숭배로 구성된다. 고양이는 만질 수 있고 냄새 맡을 수 있고 볼 수 있는 것을 믿기 때문에 말의 지배를 받지 않는다.

철학은 인간 정신의 허약함을 증명한다. 인간은 기도하는 것과 같은 이유로 철학을 한다. 인간은 일생 동안 자신이 만들어온 의미가 취약하다는 것을 알고 있고, 그것의 붕괴를 두려워하며 산다. 죽음은 인간이 자신에게 말해온 어떤 이야기의 끝을 나타내므로 의미의 궁극적인 붕괴이다. 그래서 인간은 육체를 초월하여 시간 바깥 세계의 삶으로 떠나는 것과 이런 다른 영역에서 계속되는 인간의 이야기를 상상한다.

역사의 대부분을 통틀어 철학은 필멸에 반하는 증거인 진리를 찾는 것이었다. 플라톤의 형상 — 영원한 영역에 존재하는 불변하는 이데아 ─ 이론은 죽음으로부터 인간의 가치를 지키는 신비적 환상이었다. 죽음에 대해 아무것도 생각하지 않는 ─ 그렇지만 죽을 때가 언제인지는 충분히 잘 아는 것 같은 ─ 고양이에게 이런 허구는 필요 없다. 고양이가 죽음을 이해할 수 있다면 철학이 고양이에게 가르칠 것은 아무것도 없을 것이다.

몇몇 철학자는 고양이에게 무언가를 배울 수 있다는 것을 인정했다. 19세기 독일의 철학자 아르투어 쇼펜하우어(1788년 출생)는 푸들 사랑으로 유명했는데, 그는 말년에 잇따라 길렀던 푸들들을 모두 똑같은 이름 ─ 아트마Atma와 부츠Butz ─ 으로 불렀다. 또한 그에게는 적어도 한 마리의 반려묘가 있었다. 그가 1860년에 심부전으로 죽었을 때 그는 자기 집 소파에서 발견되었고, 그 옆에는 이름이 알려지지 않은 고양이가 있었다.

쇼펜하우어는 자아가 환상이라는 자신의 이론을 뒷받침하기 위해 반려동물을 이용했다. 인간은 고양이를 자신처럼 독립된 개체로 생각하지 않을 수 없다. 그러나 그는 양쪽 모두가 다른 많은 사례로 반복되는 원형, 즉 플라톤적 형상의 예이므로 이것이 오류라고 믿었다. 궁극적으로 개체로 보이는 이들 각각은 더 근본적인 것의 덧없는 구현이다 ─ 쇼펜하우어에 따르면 끝없는 삶에의 의지만이 실제로 존재하는 유일한 것이다.

그는 『의지와 표상으로서의 세계』에서 자신의 이론을 상세히 설명한다.

내가 지금 뜰에서 놀고 있는 고양이가 300년 전에 저곳에서 똑같이 뛰어오르고 장난을 쳤던 고양이와 여전히 똑같은 고양이라고 누군가에게 진지하게 장담한다면, 누구든지 나를 제정신이 아니라고 여길 것을 잘 알고 있다. 하지만 나는 오늘의 고양이가 300년 전의 그 고양이와 속속들이 근본적으로 완전히 다른 고양이라고 믿는 것은 더욱더 터무니없다는 것도 안다. … 어떤 의미에서 우리가 개체 속에서 언제나 우리에 선행하는 다른 존재를 갖는다는 것은 당연히 사실이다. … 그러나 다른 의미에서 그것은 사실이 아니다. 다시 말해 현실이 오직 사물의 영원한 형상, 이데아에만 속한다는 점에서 사실이 아니다. 그것은 플라톤에게 너무나 명백해서 그의 근본적인 사상이 되었다.[2]

영원한 고양이Eternal Feline의 순간의 그림자로서의 고양이에 대한 쇼펜하우어의 관점에는 어떤 매력이 있다. 그러나 나는 고양이를 생각할 때 가장 먼저 떠오르는 것은 고양이들의 공통된 특성이 아니라 서로 간의 차이라는 것을 알고 있다. 어떤 고양이는 사색을 즐기고 차분하지만 다른 고양이는 열정적으로 노는 걸 좋아한다. 어떤 고양이는 조심스럽고 다른 고양이는 무모하게 모험심이 강하다. 어떤 고양이는 조용하고 평화롭고 다른 고양이는 말이 많고 자기주장이 매우 강하다. 고양이에게는 각자의 취향과 습관, 개성이 있다.

고양이에게는 다른 생명체 ― 우리 자신뿐만 아니라 ― 와 구별되는 본성이 있다. 고양이의 본성과 우리가 그로부터 배울 수 있는 것이 이 책의 주제다. 그러나 고양이들과 함께 살아본 사람이라면 그들을 단일한 유형의 대체 가능한 사례로 볼 수 없을 것이다. 그들 각각은 그 자체로 독특하고, 많은 인간보다 더 개인에 가깝다.

그래도 쇼펜하우어의 동물에 대한 관점은 다른 주요 철학자들보다 더 인간적이다. 몇몇 보고에 따르면 르네 데카르트(1596-1650)는 비인간 동물non-human animal에게 의식적 자각conscious awareness이 없다는 것을 증명하기 위해 고양이를 창밖으로 던졌다. 그는 겁에 질린 고양이의 울음소리가 기계적 반응이라는 결론을 내렸다. 또한 데카르트는 개를 대상으로 실험을 했는데, 그 실험은 바이올린이 연주되는 동안 개를 채찍질하면 나중에 바이올린 소리가 개를 겁먹게 하는지 알아보기 위한 것이었고, 결과는 예상대로였다.

데카르트는 "나는 생각한다, 고로 존재한다"라는 표현을 만들었다. 이 말이 암시하는 바는 인간은 본질적으로 정신이고 단지 우연적으로만 신체적 유기체라는 것이다. 그는 자신의 철학이 방법론적 회의의 기초가 되길 원했다. 그는 동물의 영혼을 인정하지 않는 기독교의 통설을 의심하지 않았고, 그것을 자신의 합리주의 철학에서 재차 강조했다. 데카르트는 자신의 실험이 비인간 동물이 분별없는 기계라는 것을 증명했다고 믿었다. 그 실험이 실제로 보여줬던 것은 인간이 다른 어떤 동물보다도 더 분별없을 수 있다는 것이었다.

의식적 자각은 많은 생명체에게서 나타난다. 자연선택의 한 가닥이 인간으로 이어졌다면 다른 한 가닥은 문어로 이어졌다. 두 경우 모두 미리 정해져 있는 것은 아무것도 없었다. 진화는 점점 더 자기를 인식하는 삶의 형태로 향하는 것이 아니다. 의식은 우연히 발생해서 그것을 가진 유기체에게 나타났다가 사라진다.[3] 21세기의 트랜스휴머니스트는 진화를 완전히 자기를 인식하는 우주정신에 이르는 것으로 본다. 그런 관점은 19세기의 신지학, 신비학, 정신주의에 선례가 있다.[4] 그중 어느 것도 다윈의 이론에 기초를 두지 않는다. 인간의 자기인식self-awareness은 일회성의 우연한 사건일 것이다.[5] 이는 암울한 결론으로 보일 것이다. 하지만 왜 자기인식이 가장 중요한 가치여야만 하는가? 의식은 과대평가되어왔다. 간헐적으로 자기를 불완전하게 인식하는 생명체를 만들어내는 빛과 그림자의 세계는 변함없는 자기 성찰의 빛을 누리는 세계보다 더 흥미롭고 살 만한 가치가 있다.

자기 안으로만 몰입할 때 의식은 좋은 삶을 방해한다. 자기의식self-consciousness은 괴로운 경험을 의식으로부터 격리시키려는 끊임없는 시도로 인간의 정신을 분리했다. 억눌린 고통은 삶의 의미에 대한 질문에서 훨씬 심해진다. 반면 고양이의 정신은 하나이며 분리되지 않는다. 고통은 경험되고 잊히고, 삶의 기쁨이 돌아온다. 고양이는 삶이 살 만한 가치가 있는지 의심하지 않기 때문에 자신의 삶을 성찰할 필요가 없다. 인간의 자기의식은 철학이 헛되이 치유하려 했던 끊임없이 계속되는 불안을 만들어냈다.

고양이를 사랑한 반철학자: 미셸 드 몽테뉴

미셸 드 몽테뉴(1533-1592)는 고양이에 대한 그리고 철학의 한계에 대한 더 나은 이해를 보여준다. 그는 "내가 고양이와 놀 때, 내가 고양이를 데리고 노는 게 아니라 고양이가 나를 데리고 노는지 어떻게 알겠는가?"라고 썼다.[6]

몽테뉴는 근대 인본주의humanism — 신에 대한 어떤 생각에서도 벗어나는 걸 목표로 한 사상의 조류 — 를 확립한 사람 중 하나로 자주 서술된다. 사실 그는 신에 대해서만큼이나 인간에 대해서도 회의적이었다. 그는 "인간은 모든 생명체 중 가장 엉망이고 허약하며, 게다가 가장 자존심이 강하다"라고 썼다. 과거의 철학을 훑어본 그는 동물들이 선천적으로 가지는 살아가는 방법에 대한 지식을 대체할 수 있는 어떤 것도 철학에서 찾지 못했다. "그들은 우리가 그들을 난폭한 짐승으로 여기는 것과 같은 이유로 우리를 짐승이라고 여길지도 모른다."[7] 다른 동물들은 살아가는 방법에 대한 타고난 이해를 가진다는 점에서 인간보다 우월했다. 여기에서 몽테뉴는 기독교 신앙과 서양철학의 주된 전통에서 벗어난다.

몽테뉴의 시대에 회의주의자인 것은 위험한 일이었다. 다른 유럽 국가처럼 프랑스는 종교전쟁으로 황폐해졌다. 몽테뉴는 아버지의 뒤를 이어 보르도의 시장이 되었을 때 회의주의에 휩쓸렸고, 1570년에 세상에서 물러나 자기 서재로 돌아간 뒤 전쟁 중인 가톨릭교도와 개신교도 사이에서 중재자 역할을 계속해나갔다. 몽테뉴 가족의 혈통에는 마라노스Marra-nos — 종교재판에서 박해를 받고 기독교로 개종을 강요당했던 이베리아의 유대인들 — 가 포함되어 있었고, 교회를 지지하는 글을 썼을 때 몽테뉴는 그들이 겪었던 탄압으로부터 스스로를 보호한 것이었을 수도 있다. 동시에 그는 이성을 의심했기 때문에 신앙에 열린 마음을 가진 사상가 전통에 속한다.

고대 그리스 회의주의는 15세기 유럽에서 재발견되었다. 몽테뉴는 그중 가장 급진적인 갈래인 피론주의의 영향을 받았다. 피론주의는 알렉산더대왕의 군대와 함께 인도를 여행하고 그곳에서 나체주의자gymnosophist("벌거벗은 현자") 또는 요가 수행자와 함께 공부했다고 알려져 있는 엘리스 출신의 피론Pyrrhon(기원전 360년경-270년경)의 이름에서 따온 것이다. 피론은 아마 그가 최초로 사용했을 수도 있는, 평정tranquility의 상태를 의미하는 용어 아타락시아ataraxia가 철학의 목표라는 생각을 이 현자들에게서 가져왔을지도 모른다. 회의적인 철학자는 확신과 불신을 유보하기 때문에 내면의 혼란으로부터 안전할 수 있다.

몽테뉴는 피론주의로부터 많은 것을 배웠다. 그는 말년에 자신이 틀어박혔던 탑의 기둥을 피론 추종자에게서 따온 인용구로 장식했다. 그 추종자는 섹스투스 엠피리쿠스Sextus

Empiricus(서기 160년경-210년경)로 의사이자 철학자였으며 회의주의의 관점을 개괄한 『피론주의 개요』의 저자였다.

우리가 말하는 회의주의의 인과 원리는 평온해질 수 있다는 희망이다. 사물의 불합리로 괴롭고 어느 것에 동의해야 할지 곤혹스러웠던 인재들은 무엇이 참이고 무엇이 거짓인지 조사하게 되었고, 이런 문제를 결정함으로써 자신이 평온해질 거라고 생각했다.[8]

그러나 몽테뉴는 철학이, 피론주의와 같은 종류의 철학조차도 인간의 정신을 혼란으로부터 구해낼 수 있을지에 대해서 의문을 가졌다. 그는 수상록 — "실험" 또는 "시도"라는 의미를 갖는 프랑스어 에세essais로부터 몽테뉴가 만들어낸 용어 — 의 많은 부분에서 신념을 뒷받침하는 데 피론주의를 사용했다.

피론주의에 따르면 우리는 아무것도 알 수 없다. 몽테뉴가 말했던 것처럼 "인간에게는 전염병이 있는데, 자신이 무언가를 안다는 생각이 바로 그것이다."[9] 피론의 제자들은 어떤 주장이나 원칙보다도 본성에 의지하며 살아야 한다고 배웠다. 하지만 이성이 무력하다면, 왜 종교의 신비를 받아들이지 않는가?

고대 유럽 세계의 주요한 세 철학 사조 ― 스토아학파, 에피쿠로스학파, 회의주의 ― 는 모두 평정의 상태를 목표로 삼았다. 철학은 규칙적으로 취한다면 아타락시아를 만들어낼 진정제였다. 철학적 사색의 끝은 평화였다. 몽테뉴는 그런 희망을 갖지 않았다. "모든 학파의 모든 철학자는 보통 한 가지, 즉 최고의 선은 영혼과 신체의 평화에 있다는 데서 의견이 일치한다. 그런데 우리는 그것을 어디에서 찾을 수 있을까? … 우리의 몫으로는 바람과 연기가 할당되었다."[10]

가장 급진적인 피론주의자보다 더 회의적인 몽테뉴는 어떠한 철학적 사색도 인간의 불안을 치유할 수 있을 거라고 믿지 않았다. 철학은 주로 철학자들을 치유하는 데 유용했다. 몽테뉴는 루트비히 비트겐슈타인(1889-1951)처럼 일상 언어가 과거의 형이상학적 체계의 잔재로 어지럽혀졌다고 인식했다.[11] 이런 흔적을 찾아내고 철학자들이 말하는 현실이 사실 허구라는 것을 인식함으로써 우리는 더 유연하게 생각할 수 있다. 철학에 대한 그러한 약간의 동종요법 치료 ― 누군가는 반反철학이라고 부를지도 모른다 ― 가 우리를 다른 동물에게 더 가까이 데려다줄 수 있다. 그때 우리는 아마 철학자들이 우리보다 열등하다고 무시했던 생명체로부터 어떤 것을 배울 수 있을 것이다.

이런 종류의 반철학은 논쟁이 아니라 이야기로 시작될 수 있다.

메이오의 여행

고양이는 출입구에서 들어오는 따가운 빛을 등지고 방에 들어왔고, 작고 검은 형태의 그림자처럼 보였다. 바깥에서는 전쟁이 터지고 있었다. 이곳은 구정 대공세Tet Offensive가 시작됐던 1968년 2월의 베트남 후에Hué 시였다. 미국과 남베트남 동맹군에 맞선 북베트남의 군사작전이었던 구정 대공세는 5년 뒤 미국의 철수로 이어졌다. CBS 방송기자인 존(잭) 로렌스는 인간의 전쟁 경험에 대한 가장 훌륭한 이야기, 『후에에서 온 고양이』에서 그 도시를 다음과 같이 묘사한다.

후에에서는 가장 흉포한 전쟁이 벌어지고 있었다. 그것은 주로 청소년으로 이루어진 두 무장집단이 그 지역에 들어와서 그곳을 점령하고자 벌인 도시 전투로, 빠르게 교전하는 시가전이었고 무자비한 유혈 사태였다. 어떤 규칙도 없었다. 그들은 망설임 없이 목숨을 앗아갔다 ―

죽이고, 때려눕히고, 해치웠다. … 결국에는 더 폭력적인 강력한 집단이 다른 집단을 몰아내고 남은 것을 차지했다. 패자들은 사상자와 함께 퇴각했고 후일의 전투를 위해 살았다. 승자들은 폐허를 얻었다. 이것이 후에에서 일어난 일이었다.[12]

어두운 형체가 천천히 방 안으로 들어옴에 따라 그것이 로렌스의 손에 들어갈 만큼 작은 8주 정도 된 새끼 고양이라는 걸 알 수 있었다. 여위고 더럽고 털이 엉겨 붙은 기름투성이 고양이는 코를 킁킁댔고 미국인 기자가 먹고 있던 군용 보급 통조림의 냄새를 맡았다. 그 기자는 새끼 고양이에게 베트남어로 말을 걸어보았고, 고양이는 혼란스러운 듯 그를 뒤돌아봤다. 그가 음식을 조금 주자 고양이는 조심스럽게 접근했지만 건드리지는 않았다. 그 미국인은 약간의 음식을 남겨둔 채 외출했다가 다음 날 돌아왔다. 새끼 고양이가 문간에 나타나 방을 살피더니 그를 향해 걸어왔고, 그가 손가락을 내밀자 손 냄새를 맡았다. 그에게 남아 있는 먹을 것은 "소고기 조각beef slices"이라고 써진 통조림뿐이었다. 그는 캔을 따고 손가락에 고기를 올려 고양이에게 주었다. 새끼 고양이는 익힌 고기 조각을 씹지도 않고 삼키며 게걸스럽게 먹었다. 그다음에 미국인은 수통의 물로 수건을 적셔 작은 고양이의 어깨를 잡고 귓속 먼지와 벼룩을 파냈고, 더러운 입을 씻기고 턱과 수염을 깨끗하게 문질러 닦았다. 새끼 고양이는 저항하지 않았고, 간단한 목욕이 끝나자 앞발을 핥고 얼굴을 세수했다. 세수를 마치자 고양이는 미국인에게 가까이 다가가 그의 손등을 핥았다.

지프차가 도착했고, 잭은 자기가 집으로 가는 길이었다는 걸 깨달았다. 그는 고양이를 주머니에 넣고 헬리콥터로 후에에서 다낭으로 가는 동행을 시작했다. 그곳의 기자 주둔지에서 이제 메이오Mèo라고 불리는 그 고양이는 하루에 네다섯 번의 푸짐한 식사를 하며 지냈다. 그 사이에 메이오는 잭의 재킷 천을 긁어내 하마터면 탈출할 뻔했고, 조종석을 탐색하고 조종사의 안전벨트에 기어올랐다. 그들은 사이공으로 갔는데 이때 메이오는 자기 담요와 장난감이 들어 있는 판지 상자 속에서 여행했다. 그는 여행 내내 비행기에서 돌아다니지 못해 울부짖었다. 그들은 호텔에 함께 머물렀고, 그곳에서 메이오는 목욕에 격렬하게 저항했다. 검은색으로 보였던 털은 본의 아닌 위장이라는 것이 드러났고, 그는 눈부시게 파란 눈을 가진 레드 포인트 샴 고양이의 교배종으로 밝혀졌다.

호텔에서 메이오는 규칙적인 식사 — 식당에서 나오는 남은 생선 머리와 밥으로 하루에 네 끼 ― 를 제공받았지만, 더 먹을 것을 찾아서 다른 방까지 진출했다. 그는 호텔 방의 창밖 난간으로 뛰어올라 충분히 경계하면서도 거의 움직이지 않은 채 거기에 몇 시간 동안 누워 있었고, 눈으로는 아래의 사람들, 불빛, 자동차의 움직임을 쫓았다. 미국인 종군기자들은 함께 술을 마시고 기절하는 식으로 전쟁을 견뎌내는 법을 배웠지만 악몽으로 잠을 깼다. 그들은 가끔 휴가를 보내러 집으로 돌아왔지만, 전쟁은 그들을 따라와서 여전히 잠을 방해했다. 한편 메이오는 "무슨 일이 일어나고 있는지 우리 중 누구보다도 더 잘 이해하는 것처럼 보였다. … 그리고 그것이 그에게 갇혀 있는 상태에서조차 자유를 주었다. 희뿌연 담배 연기에 둘러싸인 채 … 열린 창가에 앉아 있을 때 메이오의 눈은 남중국해만큼 깊고 푸르고 신비로웠다."[13]

메이오는 직접 만든 은신처에서 잤다. 그는 선적용 판지 상자를 물어뜯어 ― 이 작업에는 일주일이 걸렸다 ― 자신이 간신히 통과할 만한 크기의 구멍을 뚫었다. 그는 자기를 피해 다니는 호텔 경내의 길고양이 십여 마리를 지배했고 정원과 방을 사냥 장소로 쓰면서 도마뱀, 비둘기, 곤충, 뱀을 잡아먹었고 어쩌면 기이하게 사라진 공작새까지도 잡아먹었다. 이제 그의 이빨은 단검만큼 날카로웠고, 그는 "작고 하얀 사냥꾼, 타고난 암살자, 기회를 노리는 복병"이었다.[14] 그는 자신에게 밥을 주는 베트남인 호텔 직원 외에는 방에 들어오는 누구에게나 적대적이었는데, 특히 미국인이 들어오는 경우에는 더욱 그랬다. "그는 인류에게 원한을 가진 것 같았다. … 세상을 등진 채 고립되어 베트남인을 제외한 모든 사람에게 적대적이었던 그는 악의를 품은 야생동물, 몹시 심오하고 불가해한 고양이였다."[15]

그는 두려움이 없었고 다른 방에 들어갔을 때 결코 잡히지 않았다. 잭은 그를 『손자병법』을 쓴 손자의 환생으로 여기게 되었다. "총명하고 대담하며 교활하고 맹렬한 … 중국 전사-철학자의 베트콩 버전이 고양이의 몸속에 있었다. … 반쯤 자란 고양이로서 그는 강인하고 독립적이고 화를 잘 냈다. 군인다웠고 차분했다. 흰색 털을 가진 선불교 전사 … 무모함은 그의 매력의 일부였다. … 호텔 바깥의 난간을 걸으면서 자기보다 큰 동물들을 공격하고 짓궂은 속임수로 덫을 놓으면서, 그는 스스로를 무적이라고 생각하는 자들을 태평하게 무시하며 자기 목숨을 위태롭게 했다. … 그는 결코 불안해하지 않았고 힘을 낭비하지도 않았다. 그의 움직임은 우아하고 심오했다."[16]

잭은 메이오를 받아들였을 때 삶이 엄청난 규모로 파괴되고 있던 상황에서 자신이 삶을 긍정하고 있다고 느꼈다.

　살육의 한가운데서 삶이 아무리 작고 보잘것없다 하더라
도 나는 고양이에게 음식과 쉴 곳을 제공함으로써 삶을
긍정하고 있었다. 그것은 의식적이지 않았다. 젊었을 때
나는 행동의 이유를 깊이 생각하지 않았다. 그때는 그게
옳은 일인 것 같았다. 메이오와 나는 서로를 적으로 여겼
는데도 묘하게 서로 의지하게 되었고, 역경 속에서 그저
함께 있는 것만으로도 일종의 안도감을 느꼈다. 전장으
로 떠났다가 호텔방으로 돌아왔을 때 그가 자기 은신처
에서 움직이거나 화장실 수도에서 물을 마시거나 책상에
서 뭔가를 떨어뜨리는 소리를 들으면, 집에 온 것 같았고
소속감을 느꼈으며 안심이 됐다. 나를 향한 그의 이유 없
는 공격은 줄어들었고 덜 사나워졌으며 좀 더 의례적인
것이 되었다. 함께 후에를 헤쳐 나온 것이 유대를 형성했
음에 틀림없었다. 나에겐 그를 돌보는 일이 내내 고통을
보도하는 것 외에 하나의 작은 목표가 되었다.[17]

1968년 5월에 집으로 돌아올 때 잭은 메이오를 다음 비행기
의 화물칸에 태워 데려왔다. 사이공에 남아 있었다면 메이오

는 아마 전쟁에서 희생된 다른 셀 수 없이 많은 동물 — 교전 중에 목숨을 빼앗긴 수많은 개, 원숭이, 물소, 코끼리, 호랑이와 다른 고양이 — 과 같은 신세가 됐을 것이다. 만약 베트콩이 또 다른 공격을 시작했더라면 음식은 바닥났을 것이다. 메이오는 결국 냄비 속에서 생을 마감할 수도 있었다. 그래서 잭은 마지막 공격 때 동물 일부가 굶어 죽고 더 이상 방문객이 오지 않아 거의 비어 있던 사이공 동물원으로 메이오를 데려갔고, 거기에서 그는 여행 안전 증명서 발급에 요구되는 주사를 맞았다. 며칠 뒤 그는 날카롭게 울고 할퀴면서 36시간의 여정을 거쳐 뉴욕으로 갔다. 잭이 그를 데려와 차 안에 풀어줬을 때 그는 계기판으로 뛰어올랐다가 잭의 어깨에 기어올랐고, 모든 곳을 쿵쿵거리고 지나가는 자동차를 관찰했다. 코네티컷에 있는 잭의 어머니의 집에 도착해서 그는 미국산 참치 통조림을 먹었다.

메이오는 새 집에 잘 적응했다. 다른 고양이들을 겁주고, 사냥을 하고, 낯선 어른들을 공격한 반면 동네 아이들과는 천진난만하게 놀았다. 가족들도 결국 메이오에게 적응했다. 그가 진공청소기 소리에서 탱크와 비행기를 떠올리는지 그 소리를 무서워했기 때문에 근처에 그가 있을 때는 청소기를 사용하지 않았다. 가사 도우미는 메이오가 덤벼든 후 일을 그만

두었다. 메이오가 사라졌을 때 잭의 어머니는 창고의 상자 안에서 그가 발견될 때까지 며칠을 찾았는데, 그가 심한 교통사고를 당한 뒤에 어떻게든 그곳으로 간 것이었다.

수의사는 희망적이지 않았다. 메이오는 어깨가 손상돼서 동물병원에서 값비싼 수술을 받아야 했다. 그러나 그는 6주 뒤에 퇴원해 잭의 어머니 집으로 돌아왔고, 자기가 가장 좋아하는 장소들을 살펴보고, 나무에 기어오르고, 햇볕을 쬐며 낮잠을 자고 사냥을 하는 생활로 돌아갔다. 회복이 계속되던 중 극심한 재채기와 식욕 상실을 동반한 폐렴 증세가 나타났고, 그는 병원으로 돌아가 그곳에서 3주를 더 보내야 했다. 금지된 간식이 반입됐고 직원들은 그를 몹시 아꼈다. 그는 이번에는 완전히 건강한 상태로 돌아왔다. 하지만 남은 평생 동안 재채기하는 습관이 생겼다.

회복된 후에 메이오는 맨해튼의 갈색 벽돌로 지어진 오래된 원룸에서 파트너 조이와 살고 있던 잭과 함께하기 위해 코네티컷을 떠났다. 1970년에 잭은 한 달 동안 베트남으로 돌아갔고, 메이오는 그를 그리워하는 것 같았다. 그가 돌아왔을 때 메이오는 그에게 관심이 없었다. 그는 마치 잭의 짐이 무언가를 생각나게 하는 것처럼 짐에 코를 대고 열심히 쿵쿵거렸다. 잭이 사이공에서 사온 장난감을 그에게 주었지만 그는 무시하고 자신의 은신처로 들어가 남은 오후를 보냈다. 그렇지만 저녁에 메이오가 침대로 올라와서, 자고 있는 잭의 머리맡에 앉아 그의 얼굴을 바라보며 시간을 보냈다고 조이가 잭에게 말해주었다.

미국에 돌아와서 잭은 흥분과 공포 속에서 베트남에서 보낸 시간을 회상했다. 그는 악몽을 약물과 술로 누그러뜨렸다. 1970대 초에 뉴욕은 위험해지고 있었고, 그래서 때때로 그는 교전 지대로 돌아간 것 같았다. 런던에 일자리가 났을 때 그는 그 자리에 지원했다. 잭과 조이를 따라 메이오도 런던으로 갔고 거기에서 그들은 두 딸을 가졌다. 메이오는 검역소에서 6개월을 보내야 했고, 잭과 조이가 정기적으로 그를 방문했지만 그 일은 그가 결코 잊거나 용서하지 않은 시련이었다. 그가 다시 그들과 살게 되었을 때 그는 전보다 사나웠고 그들의 런던 아파트 안에서 날뛰었다. 자면서 그는 가끔 "마치 … 유령과 싸우는 것처럼"[18] 뻣뻣해지고 몸을 떨었다.

시간이 흐르면서 메이오는 잭과 조이 그리고 작은 두 어린이와 함께 편안하고 안전한 삶에 정착했다. 잭의 딸 제시카가 메이오에게 간식을 줬고, 그는 밤에 그녀와 함께 잤다. 메이오는 그때쯤에는 잭을 오랜 친구로 여겼고, 늦은 밤 그의 손가락에 맺힌 위스키 방울을 핥으면서 잠자리에 들었다. 메이오는 1983년까지 살았는데, 그해에 걸린 두 번째 폐렴이 치명적이었다. 잭은 그가 더 따뜻한 기후를 좋아했을 거라고 생각했다. 그를 죽게 만든 건 영국의 날씨였다.

그는 메이오를 이렇게 기억했다.

> 그는 밤에 홀로 아파트 저쪽 끝을 돌아다니면서 내가 들었던 어떤 동물 소리와도 다른, 그가 냈던 어떤 소리와도 다른 울음소리를 냈다. 그것은 야생에서 또는 자신의 집에서 쫓겨나거나 자기 가족을 빼앗긴 동물의 외침 같았다. 그것은 통곡에 가까운 길고 강력한 울부짖음이었다. 비명이나 야옹 또는 보통의 고양이 울음소리가 아니라 그의 영혼의 가장 깊은 곳에서 나오는 외침, 숲의 통곡이었다. 메이오가 그렇게 우는 것은 오직 집이 조용할 때, 주로 모두가 잠들어 있을 때, 자신이 혼자 있다고 생각할 때뿐이었다. 그것은 누구도 아닌 자기 자신을 향한 외침이었다.[19]

메이오가 용맹하게 세상을 여행할 때 인류는 멋대로의 행보를 계속했다. 그가 베트남을 떠나고 오래지 않아 아주 오래된 아름다운 도시 후에는 초토화되었다. 이에 대해 익명의 미국 소령은 기자에게 "마을을 구하기 위해서는 파괴하는 것

이 불가피했다"고 평했다. "후에 대학살"로 알려지게 되는
이 사건에서 북베트남 군대는 수천 명의 주민을 죽였다(정확
한 숫자는 알려지지 않았다). 미국인들은 에이전트 오렌지Agent
Orange라는 고엽제를 사용했고, 이것은 숲 ― 무수한 동물 종
의 서식지 ― 을 파괴했으며 인간에게는 유전적 결함을 발생
시켰다. 이 전투에서 5만 8,000명이 넘는 미국 군인이 죽었고,
약 200만 명의 베트남 민간인이 살해됐다. 다른 많은 사람이
부상을 당하고 장애가 생겼으며 정신적 외상을 입었다.

  메이오는 역사의 연기와 바람을 맞으며 치열하고 즐거운
삶을 살았다. 인간의 광기에 의해 고향을 떠나게 되었지만 그
는 자기가 있는 곳 어디에서든 잘 지냈다.

  잭은 이렇게 썼다.

  나는 우리가 서로의 생존자로서의 기술을 존중하게 되
  었다고 생각한다. 그에게 주어진 제한된 삶은 오래전에
  소진되었고, 그래서 그가 살았던 새로운 매일이 덤이
  었다는 것에는 의심의 여지가 없었다. 또한 그는 현명
  한 것 같았다. 그는 우리가 친구가 되었다는 것을 알았
  다. 어떤 점에서 우리의 오랜 험악하고 애정 어린 관계
  는 서로의 피로 흠뻑 젖은 채 삶과 고통과 죽음에 둘러

싸여 꼼짝없이 갇혀 있는 우리의 국가 간 유대를 상징
하게 되었다.[20]

고양이는 어떻게 인간을 길들였는가

고양이는 인간에게 길들여진 적이 없다. 특정한 한 종류
의 고양이 — 튼튼하고 작은 얼룩무늬 고양이 펠리스 실베스
트리스Felis Silvestris — 가 인간과 함께 사는 법을 배움으로써
세계에 널리 퍼졌다. 오늘날의 집고양이들은 그들의 아종인
펠리스 실베스트리스 리비카Felis silvestris lybica의 후손으로 지금
은 터키, 이라크와 이스라엘의 영토인 근동 지역에서 약 1만
2000년 전부터 인간과 함께 살기 시작했다. 이 지역의 마을에
침입함으로써 이 고양이들은 자신들에게 유리하도록 인간의
이동하는 삶을 보다 정주하는 삶으로 바꿀 수 있었다. 그들은
저장된 씨앗과 곡물에 이끌린 설치류와 다른 동물을 잡아먹
고, 인간이 동물을 도축해서 먹고 남긴 고기를 얻어먹으면서
인간의 정착지를 믿을 만한 식량원으로 바꿨다.

최근의 증거는 유사한 과정이 약 5000년 전 중국에서 펠리
스 실베스트리스의 중앙아시아 종이 비슷한 전략을 구사했을
때 독자적으로 일어났음을 시사한다. 고양이들이 인간에게

가까이 접근한 후에 인간에게 이로운 존재로 받아들여지는데는 그리 오랜 시간이 걸리지 않았다. 범선과 농장에서 해충 방제를 위해 고양이를 이용하는 일이 흔해졌다. 쥐잡이였든 밀항자였든 우연히 배에 탄 여행자였든 간에 고양이들은 배를 타고 그들이 예전에 살지 않았던 세계 각지로 퍼졌다. 오늘날 인간 가정의 동거자로서 고양이는 개를 비롯한 다른 어떤 동물 종種보다도 수가 많다.[21]

고양이들은 그들 자신만의 방식으로 이러한 가축화 과정을 시작했다. 초기 인간 정착지에서 먹이를 찾았던 다른 종들과는 달리, 그들은 줄곧 야생의 본성을 크게 바꾸지 않고 인간 가까이에서 계속 살아왔다. 집고양이의 유전체는 야생 고양이의 유전체와 단지 몇 가지만 다르다. 집고양이의 다리는 다소 짧아졌고 털색은 더 다양해졌다. 그럼에도 불구하고 애비게일 터커가 말했던 것처럼 "고양이는 사람들 사이에서 보낸 시간 동안 육체적으로 거의 변하지 않았기 때문에 오늘날 전문가조차도 자주 야생 고양이와 얼룩무늬 집고양이를 구분하지 못한다. 이는 고양이의 가축화에 대한 연구를 대단히 어렵게 만든다. 오래된 화석을 조사하여 고양이가 인간의 삶으로 들어온 시기를 정확히 짚어내는 일은 거의 불가능하며, 이는 현대에 와서도 거의 달라지지 않는다."[22]

실내에 갇혀 있지 않는 한 집고양이의 행동은 야생 고양이의 행동과 별로 다르지 않다. 고양이는 하나 이상의 주택을 집으로 여길 수도 있지만, 주택은 고양이가 먹고 자고 새끼를 낳는 근거지이다. 고양이에게는 필요시 다른 고양이들에 맞서 지켜낼 명확한 경계의 영역이 있고, 암고양이보다 수고양이의 영역이 더 크다. 집고양이의 뇌는 야생 고양이의 뇌에 비해 크기가 작아졌지만, 그것이 집고양이의 지능이나 적응력을 떨어뜨리지는 않는다. 줄어든 부분이 투쟁 도피 반응fight-or-flight response을 담당하는 뇌 영역을 포함하기 때문에 집고양이는 모르는 고양이나 인간을 만나는 일처럼 야생에서라면 스트레스가 많을 수 있는 상황을 견딜 수 있게 되었다.

고양이가 인간에게 받아들여진 이유는 고양이가 설치류 개체를 줄이는 데 유용했기 때문이다. 고양이는 설치류를 먹고, 이미 수천 년 전부터 인간의 식료품 창고의 곡물을 먹는 쥐를 잡아먹고 있었다. 그렇지만 많은 환경에서 고양이와 설치류는 천적이 아니며, 그들이 상호작용할 때 그들은 보통 가정 쓰레기와 같은 공통의 자원을 공유한다. 고양이는 해충 방제의 수단으로 그다지 효율적이지 않다. 아마도 생쥐는 집고양이와 공진화했을 것이고, 집고양이와 공존하는 법을 배웠을 것이다. 고양이와 쥐가 단 몇 센티만 떨어져 있는 사진이 존

재하고, 그 사진에서 고양이는 쥐에게 전혀 관심을 보이지 않는다.[23]

인간이 자기 집에 고양이를 받아들인 더 근본적인 이유는 고양이들이 인간에게 그들을 사랑하는 법을 가르쳤기 때문이다. 이것이 고양이 가축화의 본질적인 근거이다. 고양이들에게는 대단히 묘한 매력이 있어서 그들은 가끔 이 세상 너머에서 온 것처럼 보인다. 인간은 인간 세계가 아닌 다른 무언가를 필요로 하고, 그렇지 않으면 미쳐버릴 것이다. 애니미즘 — 가장 오래된 보편적인 종교 — 은 비인간 동물을 우리와 정신적으로 동등한 것으로, 심지어 더 우월한 것으로 인식함으로써 이러한 필요를 충족시켰다. 우리의 선조들은 이렇게 다른 생물들을 숭배했기 때문에 자신의 삶 너머의 삶과 소통할 수 있었다.

고양이는 인간을 길들인 이후로 먹이를 사냥에 의존할 필요가 없었다. 하지만 고양이는 본성상 사냥꾼으로 남아 있고, 인간으로부터 먹을 것을 구할 수 없다면 곧 사냥하는 삶으로 돌아간다. 엘리자베스 마셜 토머스가 『호랑이 종족 — 고양이들과 그들의 문화』에 쓴 것처럼 "고양이 이야기는 고기 이야기이다."[24] 고양이는 크든 작든 육식동물이고, 야생에서 그들은 오직 고기만 먹는다. 그것이 현재 큰 고양잇과 동물들이 멸종 위기에 처해 있는 이유다.

인구의 증가는 인간의 정착지가 확장되고 공터가 줄어든다는 것을 의미한다. 고양이들은 고도의 적응력을 가진 생물로 정글, 사막과 산뿐만 아니라 훤히 트인 사바나에서도 번성한다. 진화적 측면에서 그들은 대단히 성공적이었다. 하지만 그들은 대단히 취약하기도 하다. 고양이들은 그들의 서식지와 식량원을 이용할 수 없게 되면, 반드시 질 수밖에 없는 인간과의 충돌로 내몰린다.

먹이를 사냥하고 죽이는 것은 고양이들의 본능이고, 새끼 고양이들이 놀고 있을 때 그들은 자신들이 갖고 놀고 있는 것을 사냥하는 것이다. 고양이들은 살기 위해 고기가 필요하다. 그들은 필수지방산이 다른 동물의 살코기 속에 있을 때만 그것을 소화시킬 수 있다. 도덕적인 철학자의 고기 없는 삶은 고양이에게 죽음일 것이다.

고양이들의 사냥 방법은 그들에 대해 많은 것을 알려준다. 무리 지어 사냥하는 사자를 제외하면, 고양이는 보통 밤에 홀로 사냥하고 먹이에 몰래 접근해 매복했다가 습격한다. 잠복 포식자로서 고양이는 더 작은 먹이를 쫓기 위해 도약하고 덮치는 능력과 민첩성을 발전시켰다. 늑대 ― 개의 진화적 조상 ― 는 지배, 피지배 관계로 결합된 무리를 지어 보다 큰 먹이를 사냥한다. 암컷과 수컷 늑대는 평생을 함께 지내고 공동으로 새끼를 돌본다. 이런 늑대의 행동 특징 중 어떤 것도 고양이에게서 발견되지 않는다. 고양이가 서로 관계를 맺는 방식은 혼자 있길 좋아하는 사냥꾼으로서 자신의 본성을 따르는 것이다.

고양이가 언제나 혼자라는 것은 아니다. 어떻게 그럴 수 있겠는가? 고양이는 짝짓기를 위해 모이고 가족 안에서 태어나며 믿을 만한 식량원이 있는 곳에서는 군집을 형성할 수도 있다. 여러 고양이가 같은 공간에 살면 지배적인 고양이가 나타날 수도 있다. 고양이는 영역과 짝을 위해 맹렬하게 경쟁할 수도 있다. 그러나 고양이와 진화적으로 가까운 동물이나 인간 사이에서 상호작용을 형성하는 고정된 위계는 없다. 고양이는 고릴라나 침팬지와는 다르게 알파alpha 표본이나 우두머리를 만들지 않는다. 고양이는 필요한 경우 자신이 원하는 것을 충족시키기 위해 협력하겠지만, 자신을 어떤 사회집단에도 융화시키지 않는다. 고양이 일당이나 고양이 떼, 고양이 무리나 고양이 모임은 없다.

고양이들이 어떤 우두머리도 인정하지 않는다는 것은 그들이 인간에게 복종하지 않는 하나의 이유일 수 있다. 그들은 이제는 그들 중 상당수가 함께 살고 있는 인간을 숭배하지도 따르지도 않는다. 그들은 우리에게 의존할 때조차 우리에게서 독립해 있다. 그들이 우리에게 애정을 표현한다면 그것은 한낱 타산적인 사랑이 아니다. 우리와 함께 있는 것이 즐겁지 않다면 그들은 떠나버린다. 고양이가 곁에 머무른다면 그것은 우리와 함께 있길 원하기 때문이다. 이것 역시 우리 다수가 그들을 소중히 여기는 이유일 것이다.

모두가 고양이를 좋아하진 않는다. 근래에 고양이는 광견병, 톡소포자충증 같은 질병이나 흑사병의 병원균을 퍼뜨리는 "DDT 같은 … 환경오염 물질"[25]로 악마화되었다. 새의 배설물이 인간의 건강에 더 큰 위험을 끼치지만, 고양이에 대한 가장 흔한 비난 중 하나는 고양이가 새를 너무 많이 죽인다는 것이다. 고양이를 반대하는 근거는 고양이가 자연의 균형을 파괴한다는 것이다. 하지만 고양이에 대한 적대감을 고양이가 환경에 끼칠 수 있는 어떤 위험의 측면에서 설명하기란 어렵다.

질병의 위험은 길고양이를 병원으로 데려가 백신을 접종하고 중성화한 뒤 방사하는, 미국에서 널리 시행되고 있는 길고양이 중성화 사업(TNR) 같은 프로그램들로 반박될 수 있다. 새에 대한 위협은 방울이나 유사한 장치로 없앨 수 있다. 더 중요한 것은 파괴와 관련된 주된 원인은 인간 동물 자신인데,

비인간 동물 중 한 부류만을 생태적 다양성의 파괴자로 지목하는 것이 이상하다는 것이다. 어쩌면 고양이가 사냥꾼으로서의 탁월한 능력으로 세계 일부 지역의 생태계를 변하게 했을지도 모른다. 하지만 현재 진행 중인 지구에서의 대량 멸종을 몰고 온 것은 바로 인간이다.

고양이에 대한 적대감은 새롭지 않다. 근대 초기 프랑스에서 그것은 대중적인 사이비 종교 집단에 영감을 주었다. 고양이는 오래도록 악마 및 주술과 연결되었다. 종교 축제는 대개 모닥불에 고양이를 태우거나 지붕 위로 고양이를 던지는 것으로 마무리되었다. 인간은 이따금 창의력을 발휘하여 고양이를 불 위에 걸어놓고 산 채로 구웠다. 파리에서는 살아 있는 고양이를 담은 자루나 통, 바구니를 높은 기둥에 매달아 태우는 것이 관습이었다. 고양이는 집을 지을 때 마루 밑에 산 채로 묻혔고, 사람들은 이 관행이 그 집에 사는 사람에게 행운을 가져다준다고 믿었다.[26]

1638년 1월 1일, 일리 대성당에 활기 넘치는 다수의 군중이 참석한 가운데 고양이 한 마리가 꼬챙이 위에서 산 채로 구워졌다. 몇 년 뒤 잉글랜드 내전English Civil War에서 왕당파 군대에 대항해 싸웠던 의회파 군대는 리치필드 성당 곳곳의 고양이들을 사냥하기 위해 사냥개를 이용했다. 찰스 2세 시대에 교황의 이단 화형 행렬에서는 고양이들의 비명 소리로 극적인 효과를 더하기 위해 살아 있는 고양이들을 인형에 채워 넣었다. 시골 축제에서 인기 있는 스포츠는 바구니에 매달린 고양이를 쏘아 죽이는 것이었다.[27]

몇몇 프랑스 도시에서 고양이 추격자는 고양이들에게 불을 붙이고는 타오르는 고양이들을 거리에서 뒤쫓으며 더 생생한 쇼를 펼쳤다. 또 다른 오락으로는 사람들에게 고양이들을 돌려서 털을 잡아 뜯게 하는 것이 있었다. 독일의 비슷한 축제에서 고문당했던 고양이의 울부짖는 소리는 카첸무지크Katzen-musik*라고 불렸다. 다수의 축제가 고양이를 반쯤 때려죽인 뒤 목매다는 모의재판으로 마무리되었고, 이런 광경은 폭소를 자아냈다. 종종 고양이는 금지된 성적 욕망의 화신으로서 몸을 훼손당하거나 살해되었다. 사도바울 이후로 기독교인들은 성sex을 파괴적이고 심지어 악마적인 힘으로 간주했다. 인간의 도덕으로부터 고양이가 자유로워진 것은 중세의 정신 안에서 성에 대한 종교적 금지에 맞선 여성들과 다른 사람들의 저항과 연결될 수 있을 것이다. 이런 종류의 유신론적 배경에서 고양이를 악의 화신으로 보는 것은 거의 불가피한 일이었

---

* 고양이Katze와 음악Musik의 합성어.

다. 유럽 전역에서 고양이는 마법을 부리는 것으로 인식됐고 마녀와 함께 또는 마녀를 대신해 고문당하고 불태워졌다.[28]

고양이를 고문하는 관행은 마법에 대한 광기와 함께 끝나지 않았다. 19세기 이탈리아의 신경학자 파올로 만테가차Paolo Mantegazza(1831-1910)는 피렌체의 고등교육원 교수이자 이탈리아 인류학 협회의 설립자이며 나중에 이탈리아의 진보적인 상원의원이 된 인물로 인간이 "아리아인"이 맨 위에, "흑인"이 맨 밑에 있는 인종적 계층구조로 진화했다고 믿었던 공공연한 진화론자였다. 이 유명한 교수는 유쾌하게 "학대자the tormentor"라고 이름 붙인 기계를 창안했다. 고양이들은 그 기계에 "길고 얇은 못으로 꿰매져" 조금만 움직여도 극도로 고통스러웠고, 결국 죽음이 그들을 놓아줄 때까지 가죽이 찢어지고 벗겨지고 뼈가 뒤틀리고 부러졌다. 이러한 행위의 목적은 고통의 생리학을 연구하는 것이었다. 동물에게 영혼이 없다는 유신론적 독단을 버리기를 거부했던 데카르트처럼 이 저명한 신경학자는 동물 고문이 지식 추구에 의해 정당화된다고 믿었다. 과학이 종교의 잔인함을 완성했던 것이다.[29]

사실 고양이에 대한 혐오는 질투의 표현일 수도 있다. 많은 인간은 숨 막히게 불행한 삶을 산다. 다른 생물들을 고문하는 것은 고통을 완화해주는데, 그들에게 더 심한 고통이 가해지기 때문이다. 고양이들은 스스로 아주 만족하므로 그들을 고문하는 일은 특히 만족감을 준다. 고양이 혐오는 매우 자주 불행에 빠져 있는 인간이 자기혐오의 방향을 자기가 불행하지 않다는 걸 알고 있는 생물에게로 돌리는 것이다.

고양이는 자신의 본성에 따라 사는 반면 인간은 본성을 억압하면서 산다. 역설적으로 그것이 인간의 본성이다. 그것이 야만의 영원한 매력이기도 하다. 많은 인간에게 문명은 속박의 상태다. 공포에 지배당하고 성적으로 굶주린, 감히 표현하지 못하는 분노로 가득 찬 그런 사람들은 스스로를 긍정하며 사는 동물로 인해 화가 치밀 수밖에 없다. 동물을 고문하는 일은 그들이 사는 내내 기어 다닌 음울한 진창에서 벗어나게 해준다. 고양이가 고문당하고 불태워졌던 중세의 축제는 우울한 사람들의 축제였다.

고양이들은 자신을 돌보는 사람에 대한 분명한 무관심 때문에 폄하된다. 우리는 그들에게 음식과 주거지를 주지만, 그들은 우리를 자신의 주인이나 우두머리로 여기지 않으며 함께 있는 걸 제외하곤 아무것도 되돌려주지 않는다. 우리가 그들을 정중하게 대한다면 그들은 우리를 좋아하게 되겠지만, 우리가 사라진다고 해도 우리를 그리워하지 않을 것이다. 우리의 지원이 없어지면 그들은 곧 야생으로 되돌아간다. 그들은 미래에 대한 관심을 거의 보이지 않지만 우리보다 오래 살 것으로 보인다. 인간이 세력을 확장하기 위해 이용했던 배를 타고 지구 전역으로 퍼졌던 고양이는 인간과 인간이 만든 모든 것이 흔적도 없이 사라지고 오랜 시간이 지나도 존재할 것 같다.

.

2
고양이는 왜 행복하기 위해 애쓰지 않을까

사람들이 인생의 목표가 행복해지는 것이라고 말할 때 그
들은 자신들이 불행하다고 말하고 있는 것이다. 그들은 행복
을 목표라고 생각하면서 언젠가의 성취를 기대한다. 현재는
슬쩍 지나가고 불안이 기어들어온다. 그들은 이런 미래의 상
태를 향한 전진을 사건들이 방해할까 봐 두려워한다. 그래서
그들은 자신들의 불안을 완화해주는 철학에, 오늘날에는 심
리 치료에 의지한다.

치유법인 척하는 철학은 그것이 치료한다고 가장하는 혼란
의 증상이다. 다른 동물들은 자신들의 상태에서 벗어날 필요
가 없다. 행복은 인간에게는 만들어낸 상태인 반면 고양이에
게는 타고난 조건이다. 부자연스러운 환경에 갇히지 않는 한,

고양이는 결코 지루해하지 않는다. 지루함은 혼자 있는 것에 대한 두려움이다. 인간은 자기 자신에게서 벗어남으로써 행복해지려고 노력하는 반면 고양이는 자기 모습 그대로 행복하다.

바로 이 점에서 고양이는 인간과 가장 다르다. 정신분석학의 창시자 지크문트 프로이트가 이해했던 것처럼 기이한un-canny 불행이 인간에게는 정상이다. 프로이트는 결코 이 상태에 대해 설명하거나 정신분석학자가 그것을 치유할 수 있다고 생각하지 않았다. 오늘날 불행으로부터의 해방을 약속하는 무수한 기법이 있다. 이런 심리 치료들은 인간이 다른 인간과 덜 불편하게 지내게 해줄 수는 있을지도 모른다. 그것들은 인간의 삶에 수반되는 불안을 없앨 수는 없다. 이것이 많은 인간이 고양이와 함께 있는 것을 좋아하는 이유다. 고양이 애호가는 종종 의인화 — 다른 동물들에게는 없는 인간의 감정을 그들에게 부여하는 행위 — 로 비난받는다. 하지만 고양이를 좋아하는 사람들은 고양이에게서 자신들을 인식하기 때문에 고양이를 좋아하는 게 아니다. 그들은 자신들과 고양이가 너무나도 다르기 때문에 고양이를 좋아한다.

개와 달리 고양이는 인간의 일부가 되지 않았다. 고양이들은 우리와 상호작용하고 자기만의 방식으로 우리를 사랑하게 될지도 모르지만, 우리와 달리 그들은 자기 존재의 가장 심원한 수준에 존재한다. 그들은 인간 세계로 들어와서, 우리가 인간 세계 너머를 볼 수 있게 한다. 우리는 더 이상 자기만의 생각에 갇히지 않으면서, 우리의 초조한 행복 추구가 왜 실패할 수밖에 없는지를 그들에게서 배울 수 있다.

철학자가 행복에 대해 말할 때

철학은 자유로운 탐구인 적이 거의 없었다. 중세 시대에 철학은 신학의 하인이었다. 오늘날의 철학은 중산층 학자의 편견을 설명하는 일이다. 철학의 초기 형태는 평정을 가르치는 걸 목표로 했다.

고대의 철학자들 중에서 에피쿠로스주의자는 자신의 욕망을 억제함으로써 행복을 성취할 수 있을 거라고 믿었다. 오늘날 누군가를 쾌락주의자epicurean라고 설명한다면 우리는 고급 요리 및 와인과 삶의 다른 기쁨을 즐기는 사람을 생각할 것이다. 하지만 원래 에피쿠로스주의자들은 쾌락을 최대한 줄이는 것을 목표로 했던 금욕주의자들이었다. 그들은 빵과 치즈와 올리브로 간소하게 식사했다. 그들은 섹스가 절망을 치료하는 약으로 쓰이는 한에서, 우리 마음의 평화를 방해할 뿐인 열병 또는 오늘날 우리가 상사병이라고 부르는 것과 섞이지 않는 한에서 그것에 반대하지 않았다. 같은 이유로 그들은 어떠한 형태의 야망이나 정치적 관여도 거부했다. 잘 꾸며진 정원의 고요한 은둔으로 물러나는 일이 그들을 고통과 불안으로부터 지켜주고 아타락시아를 성취할 수 있게 해줄 터였다.

에피쿠로스와 부처는 공통점이 있다. 두 사람 모두 욕망의 포기를 통한 고통으로부터의 해방을 약속한다. 하지만 이것이 삶과 죽음의 회전목마에서 내림으로써만 — 달리 말해 별개의 개인으로 존재하는 것을 멈춤으로써만 — 완전히 성취될 수 있다는 것을 인정했다는 점에서 부처가 더 현실적이다. 깨우친 인간은 자신의 생애 동안 지복의 상태를 경험할 수도 있을 것이다. 그러나 그는 더 이상 다시 태어나지 않을 때에만 고통에서 해방될 수 있다.

만약 당신이 환생 신화를 받아들인다면 이 이야기가 약간의 호소력을 가질 수도 있다. 에피쿠로스의 시각은 진지하게 받아들이기가 더 어렵다. 에피쿠로스와 그의 제자들에게 우주는 허공에 떠 있는 원자들의 혼돈이다. 신들이 존재할 수도 있지만 그들은 우리에게 관심이 없다. 인류의 과제는 자신의 고통의 원천을 제거하는 것이다. 여기까지는 불교와 매우 비숫하다. 차이점은 에피쿠로스는 오직 잘못된 믿음 및 과도한 욕망에 기인한 고통으로부터의 해방만을 약속할 수 있다는 것이다. 에피쿠로스 자신이 최후의 병을 앓는 동안에도 쾌활함을 유지하며 가르치는 일을 계속했던 것처럼, 죽음을 수용하며 맞이할 수는 있을 것이다. 그러나 에피쿠로스가 끝없는 굶주림과 혹사, 박해나 빈곤으로 고통 받는 사람들에게 무슨 말을 해야 하는지는 명확하지 않다.

당신이 에피쿠로스적 은둔을 즐길 수 있으려면 당신이 그런 사치를 허용하는 때와 장소에 살고 또 그럴 형편이 될 만큼 운이 좋아야만 한다. 대부분의 인간은 여기에 해당되었던 적이 없었고 앞으로도 그럴 것이다. 그런 은둔이 존재했던 곳에서 그것은 소수를 위한 피난처였고, 전쟁과 혁명기에 급속히 퍼졌다. 에피쿠로스 철학의 더 근본적인 한계는 그것이 권유하는 삶의 정신적 빈곤이다. 그것은 행복에 대한 신경쇠약적 시각이다. 요양 병원에서처럼 어떤 소음도 허락되지 않는다. 오직 차분한 고요만이 남는다. 하지만 삶이 고요해지면 삶의 기쁨은 대부분 사라진다.

스페인계 미국인 철학자 조지 산타야나는 『사물의 본성에 관하여On the Nature of Things』라는 시집에서 에피쿠로스의 시각을 재현했던 로마의 시인이자 철학자인 루크레티우스에 대해 논하면서 이 빈곤을 정확히 포착했다.

명백히 가치 있는 것 또는 성취할 수 있는 것에 대한 …
루크레티우스의 관념은 아주 빈약하다. 미신으로부터의
자유와 함께 그러한 자유, 우정, 손쉽고 건전한 약간의
동물적 쾌락을 보장해줄 수 있을 만큼 많은 자연과학은
있다. 하지만 사랑도, 애국심도, 오락도, 종교도 없다.[1]

에피쿠로스주의자들은 삶의 좋은 것들을 (이 현자들이 상상하
기에) 모든 상황에서 즐길 수 있을 만큼 소수만 남을 때까지
줄임으로써 평정을 이루는 걸 목표로 했다. 스토아학파는 다
른 경로로 똑같은 목표에 접근했다. 그들은 자신의 생각을 통
제함으로써 자신에게 일어나는 어떤 일이든 받아들일 수 있
다고 믿었다. 로고스Logos 또는 이성이 우주를 지배했다. 당
신이 어떤 사건을 비참하다고 느낀다면, 당신이 우주 질서의
일부라는 것을 이해하지 못했기 때문이다. 평정으로 가는 방
법은 당신 자신을 이 질서와 동일시하는 것이다. 그렇게 한다
면 당신은 사물의 체계 속에서 당신의 역할을 수행하는 데서
성취감을 느낄 수 있을 것이다.

이러한 스토아철학의 추종자는 노예부터 통치자까지 사회

다방면에 걸쳐 있었다. 그것이 어떻게 사용되었는지에 대한 묘사는 마르쿠스 아우렐리우스 황제(서기 121-180)의 『명상록』에서 찾아볼 수 있다. 세상 속 자기의 위치를 받아들이고 자신의 의무를 다할 것을 권고하는 영적 일기인 『명상록』에는 삶의 권태가 스며들어 있다. 마르쿠스는 다음을 잘 생각하라고 스스로를 다그친다.

모든 것은 얼마나 빨리 사라지는가. 우주 속에서는 육체들이 그리고 시간 속에서는 그에 대한 기록들이 너무나 빠르게 사라진다. 우리가 감각할 수 있는 모든 것의 특징은 무엇인가, 무엇보다도 쾌락으로 유혹하거나 고통으로 위협하거나 허영심으로 사방으로 소리치는 것들은 얼마나 천박하고 한심하고 더럽고 부패하기 쉽고 치명적인가. 이런 것을 숙고하는 것이 정신의 능력이다. 판단과 목소리로 명예와 불명예를 얻는 자들이 어떤 종류의 인간인지도 고려해야 한다. 죽는다는 것은 무엇인가. 만약 우리가 죽음과 관련된 모든 이미지를 벗겨내고 독립된 사고 활동을 통해 죽음 자체를 단독으로 살펴본다면, 그것이 자연의 소행에 지나지 않음을 판단하게 될 것이다.[2]

이것은 삶의 긍정이 아니라 삶에 대한 무관심의 자세이다. 아우렐리우스는 자신이 필수적인 부분을 차지하는 사물의 합리적 체계를 마음속에 구성함으로써 불운 및 죽음과 화해하려고 애쓴다. 황제 철학자는 자기 안에서 이성의 질서를 찾을 수 있다면 분노와 절망에서 벗어날 수 있을 거라고 믿었다. 우주는 이성적일뿐더러 이성적인 것은 옳고 유익하기 때문이다. 마르쿠스는 이 허구의 일체 속에서 평화를 찾기를 희망했다.

마르쿠스에게 있어서 이성은 의지의 자발적인 소멸을 요구했다. 결과는 인내와 체념에 대한 침울한 찬양이다. 황제 철학자는 고요한 로마의 능묘 속 움직이지 않는 조각상처럼 되기를 꿈꾼다. 하지만 삶이 그를 꿈에서 깨우고, 그는 처음부터 다시 자기 주위에 철학의 장막을 짜야만 한다.

러시아의 시인이자 수필가 조지프 브로드스키는 다음과 같이 썼다.

고대인에게 철학은 삶의 부산물이 아니라 그 반대였다. … 아마도 우리는 여기에서 바로 그 "철학"이란 말을 잠시 삼가야 할 것이다. 스토아주의, 특히 그것의 로마 버전을 우리는 지식에 대한 사랑으로 특징지어서는 안 된

다. 그것은 오히려 평생의 인내 시험이었다. ··· 3

마르쿠스는 엄격하게 황제의 의무 ─ 우주가 자신에게 부여한 삶의 일부라고 믿고 싶어 했던 것 ─ 를 수행하면서 자신의 슬픔을 사색하는 것에 만족했다.

스토아학파는 가장 지혜로운 현자조차 인생 최악의 고통을 견디지 못할 수도 있다는 걸 받아들였다. 이런 경우에는 자살이 허용되었다. 마르쿠스는 어떤 공적 책임을 수행해야 하는 사람의 자살에는 반대했지만, 상황이 어떤 종류의 이성적 실존도 불가능하게 만든다면 삶을 끝내도 좋다고 생각했다.

스토아학파의 철학자, 정치인이자 극작가인 세네카는 더 나아가 당신이 사는 데 진절머리가 났다면 자살하는 것이 합리적일 수도 있다고 믿었다. 젊은 제자에게 조언하면서 그는 다음과 같이 묻는다.

기다릴 가치가 있는 것이 있는가? 자네를 머물게 하고 기다리게 하는 바로 그 쾌락을 자네는 이미 다 즐겼네. 그중 무엇도 자네에게 새로운 건 없네. 이미 너무 싫증이 나서 어떤 것도 마음에 들지 않지. 자네는 와인과 리큐어의 맛을 알고 있네. 방광을 지나가는 것이 백 잔이든 천 잔이든 별 차이가 없네. … 삶 또한 연극처럼 —
얼마나 긴가가 아니라 얼마나 훌륭하게 연기했는가가
중요하네. 어디쯤에서 끝내는지는 중요하지 않다네. 자
네가 끝내길 원할 때 끝을 내게. 다만 훌륭한 결말을 지
어야 하네. 잘 지내게.[4]

세네카는 자살했지만 자신의 선택은 아니었다. 그는 네로 황
제를 죽이려는 음모를 꾸민 죄로 고발당했고, 네로가 그에게
자살하라는 명령을 내렸다. 로마의 역사가 타키투스에 따르
면 세네카는 명령에 따라 자신의 혈관을 그었다. 그러나 피가
느리게 흘러나왔기 때문에 그는 독을 마셨다. 이것 또한 실패
하자 군인이 그를 온탕으로 데려갔고 결국 그곳에서 질식사
했다.

삶의 한 방식으로서 아타락시아는 환상이다. 에피쿠로스주
의자들은 자신들이 상실할 수 있는 쾌락을 최소한으로 줄이
기 위해 삶을 단순하게 만들려고 노력한다. 그러나 그들은 역
사의 혼란에 맞서 자신들의 평온한 정원을 지킬 수 없다. 스
토아학파의 현자는 우리가 우리에게 일어나는 어떤 사건도
통제할 수 없지만, 그것에 대해 어떻게 생각할지는 통제할 수
있다고 주장한다. 하지만 이것은 지나치게 제한적이다. 열병,

체체파리 또는 정신적 외상의 경험은 결정적인 순간에 또는 영원히 정신을 불안하게 할 수 있다. 피론의 제자들은 판단중지를 통해 내면의 평정을 확립하려고 노력했다. 그러나 회의주의의 의심은 인간 존재에 수반되는 불안을 사라지게 만들 수 없었다.

설령 아타락시아를 성취할 수 있을지라도 그것은 무기력한 삶의 방식일 것이다. 다행히도 죽음 같은 고요는 실제로 인간이 그리 오랫동안 유지할 수 있는 상태가 아니다.

파스칼이 말하는 기분 전환

이 모든 철학은 공통의 결함을 가진다. 그것들은 삶이 인간의 이성에 의해 관리될 수 있다고 상상한다. 즉 정신은 상실될 위험이 없는 삶의 방식을 창안할 수 있고, 아니면 어떤 상실도 견딜 수 있도록 감정을 통제할 수 있다는 것이다. 실제로는 우리가 살아가는 방법도 우리가 느끼는 감정도 이런 방식으로 통제될 수 없다. 우리의 삶은 우연에 의해 형성되고 우리의 감정은 몸에 의해 형성되기 때문이다. 인간 삶의 많은 부분 ─ 그리고 철학의 많은 부분 ─ 은 이 사실로부터 벗어나려는 시도이다.

기분 전환diversion은 17세기의 과학자, 발명가, 수학자이자 종교 사상가였던 블레즈 파스칼이 쓴 글의 핵심 주제였다. 그는 다음과 같이 썼다.

기분 전환. 죽음과 비참과 무지를 치유할 수 없으므로 인간은 행복해지기 위해 그런 것들을 생각하지 않기로 결심했다.[5]

파스칼은 이렇게 설명한다.

인간이 궁정이나 전쟁에서 마주하는 위험과 곤란에 대해, 너무 많은 다툼과 격정, 대담하고 때로 사악한 계획 등 인간의 다양한 활동에 대해 생각할 때면 나는 인간의 불행의 단 한 가지 원인은 인간이 자기 방에 조용히 머무르는 법을 모르기 때문이라고 말하곤 했다. 삶의 필요를 충족할 만큼 충분히 부유한 사람이 집에 있는 걸 즐기는 법을 안다면 그는 결코 집을 나서서 바다로 가거나 어느 요새를 포위하러 가지 않을 것이다. …
그러나 우리의 모든 불행의 특별한 이유를 찾아 더 깊이 생각해본 끝에 … 나는 매우 설득력 있는 이유를 우리의

무력한 필멸의 조건, 실제로 그것에 대해 생각할 때 무엇
도 우리를 위로할 수 없을 정도로 비참한 조건의 자연적
불행에서 발견했다. …

그러므로 인간에게 유일하게 좋은 것은 그런 생각을 잊
게 할 어떤 일이나, 도박, 사냥, 흥미진진한 공연처럼 그
들을 바쁘게 만드는 새롭고 기분 좋은 열정, 즉 기분 전
환이라고 불리는 것을 통해서 자기가 무엇인지 생각하는
것에서 벗어나는 것이다.[6]

인간은 자신의 상상력을 통해 기분을 전환한다.

상상력. 이것은 오류와 거짓에 통달한 인간의 지배적인
능력이다. … 나는 어리석은 자들이 아니라 가장 지혜로
운 사람들에 대해서 말하고 있는 것이다. 상상력은 그들
사이에서 가장 설득력을 발휘한다. 이성의 반대는 헛될
것이며 이성은 사물에 가치를 부여할 수 없다.

자신의 적, 이성을 억누르고 지배하는 이 오만한 힘은 모
든 영역에서 자신의 권력을 과시하는 즐거움을 위해 인
간 안에 제2의 본성을 확립했다. 상상력은 행복한 사람
과 불행한 사람, 아픈 사람과 건강한 사람, 부자와 빈자

를 만든다. 그것은 우리가 이성을 믿게 하고 의심하게 하고 부정하게 한다. 그것은 감각을 없애기도 하고 불러일으키기도 한다. 상상력은 어리석은 자와 현자를 만든다. … 상상력이 모든 것을 결정한다. 그것은 아름다움과 정의와 행복을 만들어내고, 이 행복은 세상의 최고선이다.[7]

몽테뉴 역시 기분 전환에 대해서 썼다. 그런데 파스칼은 그것을 구원에 방해가 되는 것으로 거부한 반면 몽테뉴는 고통에 대한 자연적 치유법으로서 환영했다.

예전에 나는 내 성격 때문에 심각한 비탄에 잠겼는데, 그것은 심각한 만큼 그럴 만한 이유가 있는 것이었다. 내가 단순히 내 힘만을 믿었더라면 나는 아마 그때 죽었을지도 모른다. 나는 거기에서 벗어나기 위해 주의를 다른 데로 돌려야 했기 때문에 젊음의 도움을 받아 인위적으로 사랑에 빠지려고 노력했다. 사랑은 나를 위로했고 우정으로 인해 생긴 아픔에서 벗어나게 했다. 똑같은 것이 모든 것에 적용된다. 어떤 고통스러운 생각이 나를 사로잡으면 그것을 억누르기보다는 바꾸는 것이 더 쉽다는 것을 알고 있다. … 내가 그것과 싸울 수 없다면, 그것으로

부터 도망친다. 나는 도망침으로써 기분 전환을 하고 잔
꾀를 쓴다. 장소를 바꾸고 직업과 회사를 바꿈으로써 다
른 취미와 생각을 가진 군중 속으로 달아나고, 그 속에
서 나를 사로잡았던 생각은 나를 완전히 놓치고 찾지 못
한다.

그것이 우리에게 변덕을 허용하는 본성의 방식이다. ...8

몽테뉴의 비탄은 자신의 사랑하는 친구, 프랑스의 판사이자
정치사상가였던 에티엔 드 라 보에티Étienne de La Boétie(1530-
1563)의 죽음 때문이었고, 그는 드 라 보에티에 대한 유명한
글을 썼다.9 그는 계속되는 우울감을 "본성의 방식"을 따름
으로써 극복했다.

기분 전환과 관련하여 인간과 고양이는 정반대 극에 있다.
고양이는 자신에 대한 이미지를 형성하지 않으므로 언젠가
자신이 존재하기를 멈출 거라는 사실에서 벗어날 필요가 없
다. 따라서 고양이는 시간이 너무 빠르게 또는 너무 느리게
가는 것에 대한 두려움 없이 산다. 고양이는 사냥이나 짝짓기
를 하지 않을 때, 먹거나 놀고 있지 않을 때는 잠을 잔다. 고
양이를 끊임없이 활동하게 만드는 내면의 번민은 없다. 자고
있을 때 고양이는 꿈을 꿀 수도 있다. 하지만 고양이가 다른

세계에 있는 꿈을 꾼다고 생각할 어떤 이유도 없고, 자고 있지 않을 때 고양이는 완전히 깨어 있다. 고양이가 자신의 죽음이 가까워졌다는 것을 아는 때가 올지도 모르지만, 고양이는 죽음의 도래를 두려워하면서 살지 않는다.

몽테뉴와 파스칼은 철학이 인간 동물을 불행에서 벗어나게 할 수 없다는 것을 받아들인다. 그들은 이 불행이 무엇을 의미하는지에 대해서는 견해가 다르다. 몽테뉴는 어떤 점에서는 다른 동물이 인간보다 우월하다고 생각하는 반면 파스칼은 인간의 불행을 인간이 다른 모든 동물보다 우월하다는 표지로 여긴다. "인간의 위대함은 자신이 비참하다는 것을 아는 데서 온다. 나무는 자기가 비참하다는 것을 모른다. 그러므로 우리가 비참하다는 것을 아는 것은 비참하지만, 우리가 비참하다는 것을 아는 데 위대함이 있다. … 그것은 대영주의 비참함이고, 폐위된 왕의 비참함이다."[10] 몽테뉴는 자연에 의지하고 파스칼은 신에게 의지한다.

파스칼은 짧은 생애 동안 몇몇 놀라운 지적 위업을 달성했다. 1662년에 39세의 나이로 죽기 전에 그는 최초의 계산기 중 일부를 만들었고(그의 이름을 딴 20세기의 프로그래밍 언어로 이어졌다), 확률론에서 중요한 진전을 이루었다. 그는 또한 한동안 파리에서 운행되었던 합승 마차와 초기 형태의 룰렛 바퀴를 이용해 최초의 도시 대중교통 체계를 설계했다. 그는 마땅히 근대과학의 설립자 중 한 사람으로 인정된다. 그러나 파스칼의 최우선 관심사는 종교였다.

1654년 11월 23일에 그는 신비로운 계시의 경험, 그 전에는 그에게서 숨겨져 있었던 신에 대한 직접적인 경험을 했으며 그것은 그의 삶에서 중대한 사건이 되었다. 그는 그 경험을 종잇조각에 써놓았다가 그후 양피지 조각에 기록하여 그것을 평생 동안 가지고 다녔다. 그것은 그가 죽은 후 그의 옷에 꿰매진 채 발견됐고, 그 글은 『팡세』에서 읽어볼 수 있다.[11]

파스칼의 말년은 고통스러웠다. 그는 교황이 이단으로 선고한 가톨릭 신앙의 한 조류인 장세니슴에 빠졌고, 평생을 병약하게 살다 치명적인 병에 걸려 무능한 의사들에게 무의미하고 고통스러운 치료를 받았으며, 거의 마지막까지 성찬의 위로를 거부했다. 그는 오랜 사투 끝에 1662년 8월 19일에 죽었고, 그의 마지막 말은 "주여, 저를 버리지 마소서"였다.

파스칼은 『팡세』의 많은 부분을 몽테뉴의 회의주의를 반박하는 데 바쳤다. 그의 목표는 인간이 겪는 만성 불안이 인간이 자연 세계에 속해 있지 않다는 표시임을 보여주는 것이었다. 인간이 다른 동물들을 우러러보는 건 잘못된 일이다. "인간의 위대함을 지적하지 않으면서 인간이 동물과 얼마나 비숫한지를 너무 분명히 밝히는 것은 위험하다. 인간의 비천함은 제쳐두고 위대함만을 지나치게 강조하는 것도 위험하다."[12] 가장 최악은 인간이 동물을 신으로서 섬기는 경우다. "인간은 짐승에게 머리를 조아리고 심지어 그들을 숭배할 만큼 비천하다."[13]

파스칼에게 인간의 불안은 세계 너머를 가리키는 것이다. 몽테뉴에게 그것은 인간 동물의 결함에서 나오는 것이다. 여기서 나는 몽테뉴의 편을 든다. 인간은 자신의 삶을 주로 회피 활동을 하는 데 쓰는, 자아가 분열된 생물이다. 인간이 동물 친족과 공통적으로 갖는 슬픔은 계속해서 자신에게 되돌아오는 생각 때문에 배가된다. 인간 동물의 특수한 비참함을 초래하는 것은 이 재귀하는 자기의식이다.

몽테뉴처럼 파스칼은 이성이 인간의 상태에 대한 해결책을 제공할 수 있을 거라는 생각을 무시했다. 그렇지만 그는 이성이 인간에게 신앙을 가져다주는 데 일조할 수 있다고 믿었다. 파스칼의 유명한 내기는 왜 우리가 신의 실존에 찬성하는 쪽에 돈을 걸어야 하는가에 대한 이유를 제공한다. 우리는 어떻게든 돈을 걸 수밖에 없다. 만약 우리가 이긴다면 우리는 무한한 행복을 얻는다. 만약 신이 없다면 우리는 거의 아무것도 아닐 만큼 짧고 유한한 필멸의 삶에 패배한다.[14]

다소 미흡한 점이 있는 주장이다. 파스칼은 우리가 이미 어떤 신에게 돈을 걸어야 할지 안다고 가정한다. 하지만 인간은 많은 신을 섬겨왔고, 그 신들 각각은 굴복과 복종을 요구했다. 만약 우리가 존재하지 않는 신에게 돈을 건다면, 다른 신이 우리를 저주할 수도 있다. 그런데 우리의 짧은 삶이 그렇게 가치가 없을까? 만약 짧은 삶이 우리가 가진 전부라면 우리에게 그것은 더욱더 귀중한 것일지도 모른다.

우리는 파스칼의 이성에 대한 호소를 너무 심각하게 받아들여서는 안 된다. 파스칼은 이성이 신앙을 가리킨다고 믿었지만, 이성이 누군가의 신앙을 유지하게 할 수는 없다는 것을 알고 있었다. 어떤 지속되는 신앙의 기초는 제의다. 사람들은 종교에 대해 생각하는 대신 교회, 절 또는 유대교회당으로 가서 무릎 꿇고 예배하고 다른 이들과 함께 기도해야 한다. 인간은 자신이 즐겨 상상하는 것보다 더 기계 같다.

왜냐하면 자신에 관해 잘못 알아서는 안 되기 때문이다. 우리는 정신인 만큼 자동기계다. 그러므로 증명은 우리를 설득하는 유일한 수단이 아니다. … 증명은 이성을 설득할 뿐이다. 습관은 가장 강력하고 믿을 만한 증거를 제공한다. 그것은 자동기계를 기울어지게 하고, 자동기계는 무의식적으로 정신을 이끈다. 누군가가 내일 해가 뜨고 우리가 죽을 것이라는 걸 증명한 적이 있는가? 그런데 이보다 더 널리 믿어지는 게 어디에 있는가? 그러므로 우리를 설득하고 많은 기독교도를 만들어내는 것은 바로 습관이다. … 우리는 더 쉬운 믿음, 습관의 믿음을 획득해야 한다.[15]

믿음은 몸의 습관이다. 당신이 신앙을 원한다면 마치 그것을 이미 가진 것처럼 행동하라. 정신은 곧 뒤따를 것이다. 실천이 당신의 신앙을 지속되게 할 것이다.

문제는 파스칼의 분석이 기분 전환 역시 정당화한다는 것이다. 그는 "이 무한한 공간의 영원한 침묵이 나를 두렵게 한다"[16]고 쓴다. 그러나 세상의 방식에 항복하는 것 — 스포츠를 즐기거나 새로운 연애에 뛰어드는 것 — 은 종교를 생활화하는 것만큼이나 실존의 공포를 피하는 데 효과적일 수 있다. 어떤 취미든 효과가 있을 것이다.

파스칼이 옳았던 지점은 기분 전환이 인간의 독특한 특성이라는 것이다. 어떤 사람들은 도구 제작이 우리를 우리의 동물 친족들과 구별시켜준다고 믿는다. 다른 사람들은 우리가 지식 전달 또는 언어 사용으로 그들과 구별된다고 주장한다.

하지만 이중 무엇도 오직 인간에게만 해당되지는 않는다. 수달은 스스로 집을 짓고, 까마귀는 먹이를 잡기 위해 도구를 사용하며, 유인원은 선조로부터 전승된 지식을 사용해 문화를 형성한다. 늑대의 울부짖음과 고래의 노래는 그들이 서로에게 말하는 소리다. 하지만 기분 전환에 대한 욕구는 본질적으로 인간적이다.

기분 전환은 인간 동물의 결정적 특징에 대한 반응이다. 다른 몇몇 동물과 더불어 코끼리는 죽음과 같은 일이 동족의 일원에게 일어날 때 그것을 인식할 수 있다. 그러나 오직 인간만이 자기가 죽을 날이 다가온다는 걸 안다. 시간을 통과하는 우리 자신에 대한 이미지는 우리가 곧 죽을 거라는 깨달음과 함께 온다. 우리 삶의 대부분은 우리 자신의 그림자로부터 달아나는 데 쓰인다.

죽음의 부정과 인간 영혼의 분열은 동반된다. 자신이 반드시 죽는다는 것을 상기시키는 어떤 것이든 두려워하면서 인간은 자기 경험의 대부분을 무의식의 영역으로 밀어 넣는다. 삶은 어둠 속에 머물기 위한 투쟁이 된다. 고양이는 자기 내부에 그런 어둠을 필요로 하지 않는 한편, 낮의 빛 속에서 사는 야행성 생물이다.

하지와 타락

고양이는 자신의 삶을 계획하지 않으며 자기 모습 그대로 산다. 인간은 자신의 삶을 이야기로 만들지 않고는 못 배긴다. 하지만 인간은 자신의 삶이 어떻게 끝날지 알 수 없으므로 삶은 인간이 말하려는 이야기를 방해한다. 그래서 인간은 결국 뜻밖에 고양이처럼 살게 된다.

인간은 미래에 대한 방대한 대비책을 만든다는 점에서 다른 동물들과 구별된다. 농업과 산업 덕분에 인간은 계절과 기후변화에 덜 의존한다. 그 결과 인간의 삶은 이전보다 더 길어진다. 그렇지만 인간의 삶의 방식은 계속 취약하다.

기후변화와 전 세계적 유행병이 더 위험한 다른 세상을 만들고 있는데도 많은 사람은 지난 몇백 년 동안 발전되어온 현대 문명이 지속될 거라고 확신하는 것 같다. 인류가 어떻게든 적응할 거라는 데는 의심의 여지가 없다. 오늘날 존재하는 사회의 유형이 다른 형태로 쇄신될까, 아니면 과거의 제도 — 예컨대 봉건제도나 노예제도 — 가 새로운 기술들로 부활되고 유지될까? 아무도 알 수 없다. 지구에서의 인간 삶의 미래는 우리가 죽은 후에 (어떤 일이 일어난다면) 일어나는 일만큼이나 알 수 없다.

몇몇 근대 사상가는 인간이 가질 자격이 있다고 믿게 된 행복을 얻을 수 있도록 사회가 재건될 수 있다고 생각했다. 이런 관점에 의문을 가졌던 사람은 18세기의 영국 소설가, 전기 작가, 사전 편찬자이자 좌담가였던 새뮤얼 존슨Samuel Johnson(1709-1784)이었다.

서적상의 아들로 태어난 존슨은 날 때부터 오래 살 것으로 기대되지 않았던 병약한 아기였다. 생애 초기에 그는 안면 및 신체에 틱 증상을 보였고, 대표적인 몇몇 전기 작가는 그가 투렛 증후군을 앓았다고 결론짓기에 이른다. 그는 자주 빚을 졌고 언제나 돈이 필요했기 때문에 옥스퍼드의 펨브로크칼리지에 다녔지만 거의 배우지 못했고 학위 없이 학교를 중퇴했다. 1735년에 그는 버밍햄의 부유한 상인이었던 그의 친한 친구 헨리 포터Henry Porter와 사별한 과부와 결혼했다. 엘리자베스 "테티" 포터Elizabeth 'Tetty' Porter는 존슨보다 20살 더 많았기에 그녀의 가족은 그들의 관계를 말렸고 존슨의 친구들은 놀라워했다. 하지만 그 결혼 생활 — 존슨은 "연애결혼"이라고 말했다 — 은 행복해 보였고, 그녀가 1752년에 죽을 때까지 지속됐다. 그녀는 존슨이 학교를 세우는 데 자금을 지원했지만 투자는 실패했고, 그는 남은 생애 동안 전업 작가로 살았다. 그는 언제나 감사와 애정을 담아 그녀를 언급했다.

몽테뉴처럼 존슨은 열렬한 고양이 애호가였다. 그는 자신의 동반자인 검은 고양이 하지Hodge에게 줄 굴을 사기 위해 시내로 걸어갔고, 하지가 아플 때는 고통을 덜어주기 위해 쥐오줌풀을 사곤 했다. 또 그는 몽테뉴처럼, 하지만 그보다 더 자주 더 심각하게 우울감의 공격에 시달렸다.

존슨은 최선의 삶의 행로를 생각함으로써 행복을 성취할 수 있을 거라는 믿음을 비웃었다. 그는 자신의 친구이자 전기 작가인 제임스 보즈웰에게 다음과 같이 썼다.

> 인생은 길지 않으며 인생의 너무 많은 부분을 그것을 어떻게 쓸 것인지에 관한 쓸모없는 생각으로 보내서는 안 됩니다. 신중하게 숙고를 시작해 치밀하게 숙고를 계속하는 사람들은 오랜 생각 끝에 우연히 결론을 내려야만 합니다. 합당한 이유들로 미래의 한 삶의 방식을 다른 방식보다 선호하는 일은 창조주가 우리에게 주고 싶어 하지 않은 능력을 필요로 합니다.[17]

존슨은 『아비시니아의 왕자, 라셀라스의 역사』(1759)에서 이런 견해를 상세히 피력했다. 원래 "삶의 선택The Choice of Life"이라는 제목이 붙었던 이 책은 아비시니아(현재의 에티오

피아)의 왕자가 자신이 살고 있던 "행복의 골짜기"를 떠나 다른 나라를 여행하는 내용의 우화이다.

그때까지 라셀라스는 세상의 악에 대해 몰랐다. 그는 평화와 아름다움으로 둘러싸인 낙원과 같은 곳에 살았다. 그는 지루해졌고 불만이 생겼으며, 그 이유를 알고 싶었다. 하지만 그가 만난 사람 중 누구도 행복하지 않았고, 그가 마주친 현자도 어떻게 해야 자신이 행복해질 수 있을지 알려주지 못했다. 그가 자신의 탐구를 계속해야 할까? 그와 여정을 함께했던 그의 친구, 시인 이믈락은 행복을 추구하는 것이 왜 환상을 쫓는 것인지를 그에게 설명한다.

이믈락은 대답했다. "선과 악의 원인은 너무 다양하고 불확실하고 너무 자주 서로 뒤얽히며, 여러 가지 관계에 의해 다양해지고, 예측할 수 없는 우연에 너무 많이 지배받아서, 선택의 명백한 이유들을 근거로 자신의 상황을 정하려는 사람은 분명 질문하고 숙고하면서 살다가 죽어버릴 것입니다. …"

시인은 말했다. "선택해서 사는 사람은 거의 없습니다. 모든 인간은 예기치 않게 작용하는 원인들로 인해 현재의 상황에 놓여 있고, 그것을 언제나 기꺼이 받아들이지 않습니다. …"**18**

이야기는 라셀라스가 탐구를 포기하고 행복의 골짜기로 돌아 가는 것으로 끝난다.

존슨의 신념은 자신의 경험이 반영된 불행을 생각으로는 없앨 수 없다는 것이다. 일생 동안 그는 자신의 건강에 사로 잡혀 있었다. 그는 폐결핵으로 인해 종종 발생되는 림프샘 감염인 연주창scrofula에 걸렸고, 그것은 갑상선에 부종을 일 으켰다. 그는 부분적으로 시력을 상실했다. 50대에 쓴 자전 적 기록에서 그는 자신을 "거의 눈이 먼, 불쌍한 병든 아기" 로 묘사했다. 문자언어로 일하는 그에게 근시는 심각한 장해 였다. 10년 가까이 일하면서 그는 영어 사전을 집필했고, 그 것은 중요한 문학작품이기도 했다. 그의 가사 도우미 스레 일Thrale 씨는 그가 밤에 초를 향해 몸을 숙이고 책을 읽다가 어떻게 "그의 가발 앞머리가 망까지 촛불에 타버렸는지"를 설명한다.

존슨은 열렬한 기독교인이었지만 신앙은 그에게 평화를 주 지 않았다. 언제나 우울한 경향이 있었던 그는 자주 자신이 미칠까 봐 두려워했다. 그는 쇠사슬과 맹꽁이자물쇠를 가지 고 있었고, 곧 자신에게 정신착란이 일어날 것 같으면 그것들로 자신을 구속해달라고 스레일 씨에게 요청했다. 어떤 사람들은 그에게 마조히즘 경향이 있었을 수도 있다고 주장했지만, 그보다는 자신의 불안정한 정신 상태를 대중이 알게 될 경우에 당할 수 있는 감금과 망신을 두려워했을 가능성이 더 높다. 그의 지인이었던 시인 크리스토퍼 스마트는 7년 동안 정신병원에 갇혀 있었고, 그의 유일한 동반자였던 고양이 제프리에게 그를 "호랑이 종족"의 일원으로 찬양하는 유명한 시를 헌정했다.[19]

존슨은 광기 자체만큼 정신병원을 두려워했을지도 모른다. 하지만 그가 거의 계속 정신착란에 대한 공포를 가진 채 살았고, 강박적인 절차들로 그것을 저지하려고 노력했던 것은 사실이다. 그는 런던의 거리를 걸을 때 지팡이로 모든 기둥을 건드렸고, 만약 하나라도 빠뜨리면 처음부터 다시 걸었다. 그는 앉아 있을 때 앞뒤로 몸을 흔들었고, 가끔 휘파람을 불곤 했다. 끊임없이 혼자 투덜거리고 중얼거리면서 그는 틱 증상과 경련 속에 살았다. 투렛 증후군을 앓았든 앓지 않았든 그는 극심하게 불안한 인간이었다.

그런데 존슨의 불안은 모든 인간에게 공통된 불안의 과장된 형태였을 뿐이다. 대부분의 인간의 삶은 경련tics의 연속이다. 직업과 연애, 여행 그리고 변화하는 철학은 마음속에서 경련을 일으키며, 그것은 진정되지 않는다. 파스칼이 말한 것처럼 인간은 정말로 방 안에 조용히 앉아 있는 법을 모른다. 존슨은 자신이 어디에서도 결코 조용히 앉아 있을 수 없다는 걸 알았지만, 자신의 쉼 없음restlessness을 스스로 치유할 수 없었다. 다른 인간처럼 그 또한 자신의 상상력의 지배를 받았다.

『라셀라스』의 44장에서 존슨은 상상력의 위험한 힘을 분석하고 그것을 의지의 행위로 극복할 수 없다고 결론짓는다.

아마 우리가 엄정하게 말한다면 어떤 인간의 정신도 올바른 상태가 아닐 것입니다. 상상력이 때때로 이성을 지배하지 않는 사람, 자신의 의지로 주의를 완전히 통제할 수 있는 사람, 그리고 자기 마음대로 생각이 떠오르고 사라지는 그런 사람은 없습니다. 때때로 마음속에서 비현실적인 생각이 횡포를 부리지 않고, 냉철한 개연성의 한계를 넘어선 희망이나 두려움을 품지 않는 인간은 찾아볼 수 없을 것입니다. 이성을 넘어서는 상상의 힘은 모두 어느 정도 광기라고 할 수 있습니다. ···[20]

존슨에게 혼란스러운 상상으로부터 기분을 전환하는 가장 좋은 방법은 교제였다. 그는 문단 상류사회만큼이나 쉽게 런던의 낙오자들과 친구가 되었다. 왕 조지 3세와 이야기를 나누었던 그는 집 없는 거지들과도 이야기할 준비가 되어 있었고, 그들을 자기 집으로 데리고 갔다. 생각이 아니라 사회에 대한 몰입이 그를 자신에게서 탈출할 수 있게 했다.

혼자 있는 것을 견디지 못하는 다른 동물이 있는가? 확실히 어떤 고양이도 그렇지 않을 것이다. 고양이는 자신의 삶 대부분을 만족스러운 고독 속에서 산다. 하지만 고양이는 인간 동반자를 좋아하게 될 수 있고, 인간이 스스로 치료할 수 없는 내면의 병적인 불안을 치료할 수도 있다. 존슨은 자기 고양이의 이런 힘에 감사했고 그를 "아주 좋은 고양이, 정말로 아주 좋은 고양이"라고 말했다. 하지는 그에게 인간 친구가 줄 수 없었던 것을 주었다. 타락Fall 이전의 삶을 살짝 볼 수 있게 해주었던 것이다.

에덴 정원에 대한 18세기식 해석인 『라셀라스』의 행복의 골짜기는 누구도 다시 방문할 수 없는 장소다. 틀림없이 왕자는 골짜기로 돌아가기로 결심한다. 그러나 그 중편소설의 마지막 장 제목은 "결론이 아무것도 없는 결론"이고, 왕자도 행복의 골짜기도 다시는 그가 떠났을 때의 모습일 수 없다는 것은 분명하다.

당신은 낙원에 있다는 게 어떤 것인지 모를 때에만 낙원에 있을 수 있다. 당신이 그것을 알게 되자마자 낙원은 사라진다. 어떤 생각의 노력도 당신을 다시 그곳으로 데려다줄 수 없는데, 왜냐하면 생각 — 당신 자신이 필멸의 존재라는 의식적 자각 — 이 타락이기 때문이다. 에덴 정원에서 태고의 인간 한 쌍은 그들 자신에 대한 무지를 입고 있다. 그들은 자신을 의식하게 되면서 자신이 벌거벗고 있다는 걸 알게 된다. 자기 자신을 생각하는 것은 돌이킬 수 없는 뱀의 선물이다.

18세기의 문장가에게 낙원은 자신의 생각으로 고통 받지 않는 정신 상태였다. 그러나 존슨은 자학이 자신에게 선천적이라는 걸 알았다. "불쌍한 병든 아기"는 결코 건강한 상태를 알지 못할 것이다. 그가 할 수 있는 일은 자신에게서 달아나는 것뿐이었다. 그래서 그는 사회에 빠져들었다. 보즈웰이 기록했던 재치가 번뜩이는 완벽한 좌담가는 자신의 생각에서 도망치는 존슨이었다. 그렇지만 존슨은 기분 전환 이상의 것, 오직 고양이 동반자만이 줄 수 있는 것이 필요했다. "어느 좋은 가정의 젊은 신사"가 미쳐버려 고양이를 총으로 쏘고 있다는 소식을 들었을 때 존슨은 "하지만 하지는 총에 맞지 않을 거야. 아니, 아니. 하지는 총에 맞지 않을 거야"라고 중얼거렸다. 하지는 존슨에게 생각으로부터의 휴식을, 그리하여 인간이라는 것으로부터의 휴식을 주었다.

3
고양이의 윤리

도덕, 아주 독특한 실천

보통 고양이들에게는 도덕관념이 없다고 묘사된다. 그들은 어떤 명령도 따르지 않고 어떤 이상도 갖지 않는다. 본연의 모습에서 더 나아지기 위해 애쓰지 않는 것처럼 그들은 죄책감이나 회한을 경험한다는 어떤 징후도 보이지 않는다. 그들은 세상을 개선하려고 분투하거나 무엇이 옳은 일인지에 대해 고민하지 않는다. 자신들이 어떻게 살아야 하는지가 외부의 기준에 따라 결정되어야 한다는 생각을 그들이 이해할 수 있다면, 그들은 그것을 비웃을 것이다.

많은 사람은 자신들이 도덕을 그 무엇보다도 더 가치 있게 여긴다고 주장한다. 그들이 보기에 옳고 그름의 감각만큼 동물 친족과 자신들을 구별하는 것은 없다. 좋은 삶은 단지 살 만한 가치가 있는 삶이 아니다. 그것은 또한 도덕적moral이어야만 한다. 어떤 삶이 도덕성의 요건을 만족시키지 못한다면 그 삶은 그다지 가치가 없다 — 아니 어쩌면 전혀 가치가 없을 것이다. 도덕은 다른 어떤 것과도 비교할 수 없을 정도로 소중한 특별한 종류의 가치를 다룬다. 쾌락은 아름다움이나 삶 자체만큼 가치 있을 수도 있지만, 이러한 좋음들은 도덕적으로 추구되지 않는다면 가치가 없거나 확실히 나쁜 것이다. 도덕법칙은 보편적이고 정언적이므로 모든 인간에게 참이다. 모든 사람은 다른 어떤 것이기 이전에 도덕적이어야만 한다.

이렇게 생각하는 사람들은 도덕이 무엇을 명령하는지 알고 있다고 확신한다. 옳고 그름에 관한 근본적인 의견 차이는 있을 수 없다. 결국 도덕적인 것이 최고선이다. 어떻게 그토록 중요한 것에 관해서 인간들의 의견이 다를 수 있겠는가? 실제로는 상이하고 대립되는 도덕규범이 존재한다. 오늘날 어떤 사람들에게 정의는 도덕의 핵심이다. 하지만 정의는 그들이 상상하는 것만큼 그들에게 중요한 것도 변치 않는 것도 아니다. 파스칼이 말했듯이 "정의는 매력만큼이나 유행의 문제다."[1]

도덕에는 많은 매력이 있다. 영원한 정의라는 환상보다 더 매혹적인 것이 무엇이 있겠는가? 그러나 정의에 대한 환상은 신발의 형태만큼 바꿀 수 없는 것이다. 도덕이 요구하는 것은 세대에 따라 달라지고 한 인간의 생애 동안 적어도 한 번 이상 바뀔 수 있다. 얼마 전까지만 해도 도덕은 제국 권력을 확장함으로써 문명을 전파할 것을 요구했다. 오늘날 도덕은 어떤 형태의 제국도 비난한다. 이런 판단들은 양립할 수 없게 대립된다. 그러나 그러한 판단들은 그것들을 표명하는 사람들에게 똑같은 만족 — 덕virtue에 관한 만족감 — 을 준다.

사람들은 도덕에 대해 말할 때 자기가 무엇에 대해 말하고 있는지 모른다. 동시에 그들은 자신이 말하는 것에 대해 굳건한 확신을 갖는다. 이는 역설적으로 보일 수도 있다. 하지만 그들이 하는 일은 감정을 표현하는 것이므로 그렇지 않다. 감정을 뒷받침하기 위해 그들이 언급할 수 있는 사실들을 제외하면, 그들의 가치판단에 진실이나 거짓은 없다. 그렇기 때문에 도덕에는 합의가 있을 수 없다. 만약 가치판단이 단지 감정 표현일 뿐이라면, 그것에 대해 동의할(또는 동의하지 않을) 것은 아무것도 없다.

어떤 철학자들은 인간의 가치가 감정적이고 주관적인 것이라는 믿음이 근대 개인주의의 부산물이라고 생각한다.[2] 그러나 고대 그리스의 회의주의자에게서도 이런 생각을 찾아볼 수 있으니 그것은 믿기 어려운 설명이다. 더 그럴싸한 설명은 윤리에 대한 주관적 관점이 종교 공동화空洞化의 결과라는 것이다. 보편 법칙 또는 보편 명령에 표현된 "도덕"은 일신교의 잔재다. 만약 이 칙령의 저자가 없다면 그것이 어떤 권위를 가질 수 있을까? 종교에서 그 저자는 신이다. 이후 계몽주의의 부상으로 그 저자는 "인간humanity"이 되었다. 그러나 보편적인 인간 행위자 따위는 없기 때문에 인류는 어떤 것의 저자도 될 수 없다. 존재하는 것은 다양한 도덕을 가진 무수히 많은 인간 동물일 뿐이다.

도덕이 단일하고 보편적이라고 생각하도록 길러진 사람에게는 이것이 당혹스러울 것이다. 그래서 사실상 도덕을 실천하는 사람에게 도덕이 완전히 불투명할 때에도 그는 마치 그것이 모두에게 분명한 것처럼 계속 생각하고 말한다.[3]

스피노자가 말하는 당신의 본성에 따르는 삶

다행스럽게도 좋은 삶에 대한 다른 사고방식이 존재한다. 고대 그리스와 중국에는 오늘날 도덕이라고 불리는 것에 대해 전혀 언급하지 않았던 윤리적 전통이 있었다. 그리스인에게 좋은 삶은 디케dike — 사물의 체계 속 당신의 본성과 그것의 자리 — 에 따라 사는 것이었다. 중국인에게 그것은 도道 — 당신의 본성에 나타나는 우주의 이치 — 에 따라 사는 것을 의미했다. 이런 종류의 고대 윤리들 사이에는 많은 차이점이 있다. 하지만 오늘날 우리에게 가장 유용한 것은 그것들의 공통점이다.

이러한 사고방식은 "도덕"을 중요하게 다루지 않는데, 왜냐하면 신이 모든 인간에게 한 종류의 삶을 명령한다고 여기지 않기 때문이다. 그들은 좋은 삶의 핵심이 타자에 대한 관심이라고 여기지도 않는다. 그보다도 좋은 삶이란 당신에게 주어진 본성으로 당신 자신을 위해 사는 것을 의미한다. 확실히 좋은 삶은 덕德 — 생존하고 번성할 수 있게 해주는 특성과 기술 — 을 필요로 하지만, 이런 덕은 우리가 도덕이라고 생각하도록 배워온 것에만 관련되지는 않는다. 덕은 미학, 위생 및 삶의 모든 기술 또한 포함하며 인간에게만 국한되지도 않는다. 이러한 견지에서 윤리 —"성격"또는"습관에서 비롯되는 것"을 의미하는 그리스어 에티코스ethikos에서 유래 — 는 비인간 동물들 사이에서 발견된다.

아리스토텔레스는 비인간 동물이 덕을 가진다는 것을 돌고래와 관련하여 인식했다. 그는 『동물지』의 여러 부분에서 돌고래가 어떻게 새끼에게 젖을 먹이고 서로 소통하는지, 먹을 물고기를 쫓을 때 어떻게 협력하는지 쓴다.[4] 그의 이런 설명은 어부와 함께 에게해를 여행하면서 직접 관찰한 것에 근거했다. 아리스토텔레스는 우주의 모든 것은 텔로스telos 또는 목적을 가진다고 믿었고, 그것은 어떤 종으로서의 본성을 깨닫는 것이다. 좋은 삶은 이것을 성취한 삶이었다. 돌고래는 함께 물고기를 사냥할 때 이 목적에 필수적인 특성 — 달리 말해 덕 — 을 드러낸다. 돌고래는 돌고래의 특수한 방식으로 좋은 삶을 살고 있었다.[5]

고대 중국 사상에도 비슷한 사고방식이 있다. 노자와 장자의 도교 사상은 도와 덕, 즉 사물의 본성이나 도리 그리고 그것에 따라 사는 능력을 중심 주제로 다룬다. 덕은 종종 "미덕"으로 번역되긴 하지만 배타적으로 "도덕" 능력만을 가리키는 것이 아니라 사물의 도리에 따라 행동하기 위해 필요한 내적인 힘을 나타냈다. 그것을 따르는 것은 당신이 그렇게 해야만 하는 것처럼 행동하는 것을 의미했고, 이것은 인간에게만 해당하는 것이 아니었다. 모든 살아 있는 생물은 오직 자신의 본성을 따르는 한에서만 번성했다.[6]

윤리에 대한 아리스토텔레스의 설명은 인간 중심적이고 계급적이다. 그는 다른 동물에게 덕이 존재한다는 것을 인정하

긴 했지만, 좋은 삶은 소수의 인간에게서 가장 완전하게 실현
된다고 주장했다. 인간의 정신은 신 ─ 신성한 지성 또는 누
스nous, 우주의 목적인 또는 "부동의 동자" ─ 의 정신과 가장
비슷하며 존재하는 모든 것은 신과 비슷해지려고 분투한다.
아리스토텔레스의 결론은 인간 동물이 우주의 텔로스 ─ 목적
또는 목표 ─ 라는 것이다.

이 생각은 기독교와 잘 맞았고 통속적인 진화론에 의해 지
속되었다. 그러나 다윈의 이론은 완전히 다르다. 자연선택은
목적을 갖지 않고, 인간 종은 우연히 생겨났다. 인간은 무수
한 멸종 종보다 더 "우월하지" 않다. 하지만 다윈은 이런 관
점을 고수하기 어렵다는 걸 알았다.[7] 오늘날 그의 많은 추종
자는 인간이 다른 동물보다 더 가치 있다는 생각을 고수하지
만, 당신이 가치의 우주적 위계질서를 믿는 것이 아니라면 이
것은 말이 되지 않는다.

반면 도교 사상에서 인간은 조금도 특별하지 않다. 다른 모
든 생물처럼 인간은 지푸라기 개straw dogs ─ 제의를 위해 정
성 들여 준비된 뒤에 무심하게 불태워지는 제의용 물건 ─
다. 노자가 말한 것처럼 "천지는 어질지 않아* 만물을 지푸라

* 천지가 어질지 않다[天地不仁]는 것은 천지에는 인仁이라 일컬을 것도

기 개처럼 취급한다."[8] 우주는 좋아하는 것이 없고, 인간 동물은 우주의 목표가 아니다. 끝없는 변화의 목적 없는 과정으로서 우주는 목표를 갖지 않는다.

주요 서구 전통에서 인간은 의식적 사고를 할 수 있기 때문에 다른 동물보다 높은 지위를 차지한다. 아리스토텔레스에게 최고의 삶은 우주에 대한 지적 관조인 반면, 기독교인에게 그것은 하느님의 사랑이다. 두 경우 모두에서 의식적 자각은 잘 사는 것에 필수적인 부분이다. 그에 반해 도가에게 인간의 자기 본위self-regarding 의식은 좋은 삶에 최고의 걸림돌이다.

아리스토텔레스에 따르면 가장 좋은 부류의 인간은 지적 탐구에 전념하는 자신 — 노예를 소유한 그리스인 남성 — 과 같은 사람이었다. 이 견해에는 그 시대의 편견의 정당화 — 철학자들의 거의 보편적인 관행 — 외에도 더욱 근본적인 결함이 있다. 인간에게 최고의 삶이 적어도 원칙적으로는 모든 사람에게 똑같다고 가정한다는 점이다. 인간 대부분이 최고의 삶을 성취할 수 없다는 것은 사실이지만, 이것은 단지

없고 불인不仁이라 일컬을 것도 없으니 만물을 특별히 좋게 또는 나쁘게 대하지 않는다는 의미이다. 노자, 『도덕경』, 소준섭 옮김, 현대지성, 2019, 5장 참조.

그렇게 할 수 있는 사람에 대한 그들의 열등감을 보여줄 뿐이다. 아리스토텔레스가 보기에 인간이 어떤 가치척도로도 순위를 매길 수 없는 다양한 방식으로 번성할 수 있을 가능성은 없었다. 그는 또한 다른 동물이 인간은 할 수 없는 방식으로 좋은 삶을 살 수 있다는 생각도 하지 않았다.

도교가 한 번 더 신선한 대조를 보여준다. 인간의 삶은 가치에 따라 순위가 매겨지지 않고, 다른 동물에게 최고의 삶은 인간과 비슷해지는 걸 의미하지 않는다. 각각의 개별 동물, 하나하나의 생물이 자신만의 좋은 삶의 형태를 가진다.

서구 사상에서 이런 시각에 가장 근접하는 것은 베네딕트 스피노자의 코나투스conatus라는 관념 — 생명체가 세상에서 자신의 활동을 보존하고 향상시키려는 경향 — 이다. 스피노자(1632-1677)에게서 정신과 신체의 통합과 관련한 최근의 과학적 발견에 선행하는 것을 찾아낸 신경과학자 안토니오 다마지오는 이 생각을 명확히 하기 위해 스피노자의 『에티카Ethics』(1677)의 진술을 인용한다.

인용문은 『에티카』의 4부 정리 18에 나오는 것으로 다음과 같다. "… 덕의 일차적 토대는 개별적인 자기를 보존하려는 노력(*conatum*)이고, 행복은 자기를 보존하는 인간의 능력에 있다."… 스피노자가 사용하는 용어에 대한 설명은 순서대로이다. … 첫 번째 … 코나툼이라는 말은 노력이나 경향 또는 분투로 번역될 수 있고, 스피노자는 이중 하나를 의미했거나 혹은 세 가지 의미를 섞은 것을 의미했을 수도 있다. 두 번째, 비르투티스virtutis는 단지 전통적인 의미의 도덕만이 아니라 힘, 활동 능력 역시 의미할 수 있다. … 오늘날의 관점으로 보았을 때 여기에 이 귀중한 인용문의 아름다움이 있다. 그것은 윤리적 행위 체계의 토대를 포함하고 있으며 그 토대는 생물학적이다.[9]

다마지오가 언급한 애매함은 부수적인 것이 아니다. 그것은 전통적인 용어로 전복적 철학을 표현하려 한 스피노자의 고투를 증명한다.

스피노자의 애매한 표현에는 여러 이유가 있을 것이다. 그는 몽테뉴처럼 종교재판으로 인한 강제적 개종과 박해를 피해 이베리아반도를 탈출한 유대인 가족에 속했다. 몽테뉴보다 용감했던 스피노자는 그의 사후에 『에티카』로 출판된 생각들 중 일부를 동료 종교학자들 ― 그들은 그것을 이단적이라고 여겼다 ― 에게 말했다는 이유로 1656년에 암스테르담의 중앙 유대교회당에서 추방되었다. 그는 파문당한 이후에 교수 자리를 제안받았지만 ─ 생각하고 글 쓰는 자유가 위태로워질 것을 우려해 ─ 거절했다. 그 대신 그는 렌즈 세공사로 검소한 삶을 살았는데, 이 직업이 그의 수명을 단축시켰을지도 모른다.

스피노자의 비판자들이 그의 견해를 이단적이라고 여긴 점은 옳았다. 그에게 신은 우주를 창조한 힘이 아니다. 신은 무한한 실체이고 신 즉 자연Deus sive Natura이며 자족적이고 영원하다. 신이 우주 자체이므로 인간의 가치는 우주를 창조한 신에게서 유래할 수 없다. 스피노자의 애매한 표현은 이 철학을 자신을 파문했던 사람들의 마음에 들게 만들려는 시도였을수도 있다. 그렇지만 그가 자신의 철학이 전통적 믿음을 약화시킨 정도를 과소평가한 것도 아마 사실일 것이다. 때때로 그는 자신의 사상에서 가장 독창적인 것으로부터 뒷걸음질 치는 것 같다.

수년간 스피노자 철학을 고찰한 영국의 철학자 스튜어트 햄프셔는 코나투스 관념을 다음과 같이 설명했다.

자연 질서에서 식별 가능한 다른 모든 특수한 사물처럼 인간은 특징적 활동으로 자기 자신과 개인으로서의 자신

만의 독특한 본성을 보존하고, 환경과 관련된 자신의 힘
과 활동을 확장하려고 노력한다. 이러한 노력(conatus) 또
는 자기 보존의 내적 힘이 개인을 개인으로 만든다. …
… 인간의 자연스러운 경향 또는 코나투스는 스스로를 자
신이 속하는 종의 훌륭한 또는 완벽한 전형으로 만들거
나 자신의 활동으로 인류의 어떤 보편적 이상을 실현하
는 것이 아니다. 오히려 그것은 가능한 한 독립적으로 활
동하는 능동적 존재로서의 이 개인, 자기를 보존하는 것
이다. 인간은 상대적으로 자유롭고 자기 결정적으로 활
동하는 바로 그때에만 자신이 필연적으로 욕망하는 것에
성공하고 덕을 성취한다.[10]

스피노자의 관점에서 "선"은 이 노력을 촉진하는 것이고
"악"은 그것을 방해하는 것이다. 가치는 사물들의 객관적 속
성이 아니며 순수하게 주관적이지도 않다. 개인의 덕은 세상
속에서 자신의 활동을 연장하고 확장하는 것이다. 그러나 대
다수의 인간은 자기 자신이나 세상 속의 자기 자리를 이해하
지 못한다. 결과적으로 그들은 흔히 어떻게 살아야 할지를 잘
못 판단한다.
　이런 식으로 선과 악을 바라볼 때 "스피노자는 당시에 지

배적이었던 기독교 및 유대 전통의 윤리학 연구를 엄청난 오류, 해로운 환상의 추구로 제시하고 있는 것이다"[11]라고 햄프셔는 쓴다. 그 환상은 부분적으로 자유의지에 대한 믿음으로부터 온다. 전통적 도덕 이론은 우리가 선택하고 결정할 수 있는 다양한 행동의 가능성이 열려 있다고 가정한다. 하지만 스피노자의 설명에서 (현대의 몇몇 신경과학 이론에서처럼) 우리가 자신의 선택이라고 생각하는 것은 우리의 유기체 속에서 작동하는 복잡한 원인들의 결과이다.[12] 우리의 생각과 결정은 우리가 의식적인 정신과 의지라고 여기는 것과 별개로 기능하는, 우리의 신체와 분리된 것이 아니다. 선택을 하기 위해 숙고하고 결정하는 경험은 우리의 상충되는 욕망의 부산물이다. 자유의지는 당신이 뭘 할지 모른다는 느낌이다. 실제로 우리는 스스로의 힘을 유지하고 확장하기 마련이다. 비록 인간의 정신을 흐리게 하는 환상 때문에 그럴 수 없을지도 모르지만 말이다.

스피노자는 우주의 모든 것이 필연적이라고 믿었다. 어떤 것도 우연적이거나 부수적이지 않다. 그래서 그는 자유의지라는 관념을 거부했다. 하지만 전통적 도덕관념에 도전하는 스피노자의 힘을 파악하기 위해서 당신이 그의 형이상학적 시각을 받아들일 필요는 없다. 또한 존재하는 모든 것이 계속해서 존재하기 위해 노력한다는 것도 받아들이지 않아도 된다. 스피노자의 윤리학이 요구하는 것은 생명체가 특수한 유기체로서 자신을 주장한다는 생각뿐이다.

스피노자의 견해는 모든 것이 자기 유형의 완벽한 전형이 되기 위해 분투한다는, 아리스토텔레스가 제시한 고전적인 견해와 매우 다르고, 인간이 신성한 존재의 완성에 다가감으로써 좋은 삶을 성취한다고 말하는 일신교의 견해와도 아주 다르다. 당신이 이런 전통적 신념을 일단 포기한다면, 인간이 자신만의 선을 선택할 수 있다는 점에서 유일하다는 관념에 유혹당하지 않을 것이다. 당신은 인간이 자신의 본성이 요구하는 선을 추구한다는 점에서 다른 생물과 비슷하다고 생각하게 될 것이다.

인간은 자기 보존에 의해 추동된다. 하지만 인간의 정신은 혼란스럽기 때문에 인간은 종종 자기 파괴적이다. 이것은 이차적 사고에 의해 치유될 수 있을 것이다.

부분적으로 나의 다른 욕망들을 결정하는 자기 보존에 대한 중심적 욕구는 개별적인 물질적 사물들의 보편적이고 변치 않는 특징과 정확히 일치한다. 나의 이성적 반성은 나의 일차적 욕망을 대상으로 삼고 사고 활동은 뇌의 상응하는 활동을 통해 구현된다. 나는 생각에 대한 생각을 형성하는 반성에서 욕망 또는 다른 생각이 긍정적인지 부정적인지 평가하고, 찬성하거나 반대하고 또는 그것에 대한 판단을 유예한다. 반성은 정신의 활동이고 외부 사물들의 투입에 맞선 정신의 자기주장이다.[13]

스피노자가 소수만이 이룰 수 있다고 생각했던 정신의 자유를 실제로는 어떤 인간도 이룰 수 없다. 반성적 사유가 정신에서 상상을 제거할 수 있다는 그의 생각 자체가 상상이다. 스피노자는 자신의 "필연적 진리"를 "마치 그것이 거친 바다의 뗏목인 것처럼" 고수해야 한다고 썼다.[14] 하지만 그의 원칙은 허구였고, 그의 형이상학적 삶은 물이 새는 구조로 엮인 뗏목이었다.

전통적 도덕관념에서 벗어났을 때에도 스피노자는 가장 의식적인 삶이 최고의 삶이라는 합리주의 전통을 이어갔다. 우주 속에 구현된 이성과 자신을 동일시함으로써 분리된 정신은 하나가 될 수 있을 터였다. 그런데 만약 우주적 이성이 인간의 상상의 산물이라면, 반성적 사유 — 당신의 사고 과정에 대해 생각하는 것 — 는 내적 분열을 악화시키기만 할 것이다.

합리주의의 결점은 인간이 이론을 적용함으로써 살아갈 수 있다는 믿음이다. 그러나 이론 — "관찰하다"를 의미하는 그리스어 테오레인theorein에서 나온 용어 — 은 살아가는 방법에 대한 실질적 지식을 대체할 수 없다. 플라톤은 시각적 경험의 관점에서 선을 인식할 것을 주장했을 때 서양철학을 잘못된 곳으로 이끌었다. 우리는 어떤 것을 만지지 않고 바라볼 수 있다. 하지만 좋은 삶은 그런 것이 아니다. 우리는 오직 살아감으로써만 삶을 안다. 만약 우리가 삶에 대해 너무 많이 생각하고 그것을 이론으로 바꾼다면 삶은 용해되어 사라질지도 모른다. 소크라테스와는 반대로, 성찰하는 삶은 살 가치가 없을지도 모른다.*

스피노자는 삶이 더 의식적일수록 더 완벽에 가까워진다는 플라톤의 믿음을 되풀이했다. 그런데 삶의 가치가 그 삶을 사는 생물에 대한 가치라면, 그런 가치의 위계는 아무런 의미가 없다. 잘 사는 것은 더욱더 의식적이게 되는 걸 의미하지 않는다. 어떤 생명체든 최고의 삶은 자기 자신이 되는 것을 의

---

* 플라톤의 『소크라테스의 변명』의 「소크라테스의 2차 변론」에서 소크라테스는 "성찰이 없는 삶은 아무런 가치가 없는 무의미한 삶"이라고 말한 바 있다.

미한다.

이것은 우리 각자가 자신만의 독특한 개성을 만들어야 한다는 낭만주의적 견해와는 다르다. 낭만주의자에게 인간은 예술가가 작업하는 방식으로 자신의 삶을 만들어내고, 예술 작품의 가치는 그것이 얼마나 독창적인지와 관련이 있다. 여기에서 낭만주의자는 고대 그리스 사상에서는 찾아볼 수 없는 무로부터의 창조라는 성서적 관념에 의존한다. 낭만주의는 기독교의 많은 현대적 대용품 중 하나다.

스피노자와 도가의 윤리는 이와는 꽤 다르다. 인간들은 다른 동물들과 같다. 좋은 삶은 그들의 감정으로 만들어지지 않는다. 감정은 그들이 자신의 본성을 얼마나 잘 인식하고 있는가에 따라 형성된다.

오늘날의 많은 사람에게 이보다 더 가혹한 삶은 없을 것이다. 현대의 문화는 신 관념을 거부하는 것과 같은 이유로 자연 관념을 거부한다. 두 관념은 모두 인간의 의지에 한계를 설정한다. 근대 인본주의는 자연 세계를 이상화했지만, 여전히 그것을 인간이 만들어낼 수 있는 최선보다 열등한 것으로 여겼던 낭만주의를 따른다. 이러한 무의식적인 후기 기독교인에게 자유롭다는 것은 자기 자신을 포함하는 자연에 저항하는 것을 의미한다. 반면 스피노자와 도가에게 그러한 저항은 자멸적인self-defeating 것이다. 인간은 세계 속에서 자신의 힘을 유지하고 확장하려고 노력한다는 점에서 다른 생물과 비슷하다. 그들 모두는 자신의 코나투스, 모든 생명체의 자기 주장에 지배된다.

스피노자와 도교에서 힘power은 당신 자신일 수 있다는 것을 의미한다. 나른한 나무늘보는 하루하루 잠을 자면서 최후의 순간의 호랑이 못지않게 자신의 힘을 확고히 한다. 이런 의미에서 힘을 행사하는 것은 타자를 지배하는 것이 아니다. 그러나 윤리가 당신의 개인적 본성의 확인에 있다면, 당신은 일신교도와 인본주의자들이 이해하는 도덕 바깥에 있는 자신을 발견하게 될 수도 있다.

예를 들면 스피노자는 연민을 악이라고 여겼다. 그는 『에티카』에서 "이성의 지도에 따라 살아가는 인간에게 연민은 그 자체로 나쁘고 쓸모없다"고 쓴다. 계속해서 그는 연민은 일종의 고통이며 고통은 악이라고 말한다. 우리는 우리가 연민을 느끼는 누군가의 상황을 변화시키기 위해 행동할 수 있지만, 오직 그것이 이성에 의해 요구되는 경우에만 그렇게 할 수 있다. 스피노자는 다음과 같은 결론을 내린다.

그러므로 이성의 명령에 따라 사는 인간은 가능한 한 연민에 빠지지 않으려고 노력한다는 결론을 얻을 수 있다. 모든 것이 신의 본성의 필연성에 따라, 자연의 영원한 법칙과 규칙에 따라 생겨났다는 것을 올바르게 알고 있는 사람은 증오하거나 조소하거나 경멸할 만한 것을 전혀 발견하지 못할 것이며, 연민을 느끼지도 않을 것이다. … 연민의 감정에 쉽게 빠지고 다른 이의 불행에 눈물을 흘리는 사람은 나중에 후회할 일을 종종 한다. 왜냐하면 우리는 감정에 따라서는 확실하게 선이라는 것을 알 수 있는 어떤 것도 할 수 없고, 또 거짓 눈물에 쉽게 속기 때문이다.[15]

스피노자의 윤리는 어떤 인간이나 신성한 권위에 의해 전수된 법칙이나 규칙으로 구성되지 않는다는 점에서 전통적 도덕에서 벗어난다. 그것은 또한 덕과 악을 다르게 본다. 연민은 슬픔의 원인이고 활력을 격감시키기 때문에 악이다. 도교의 윤리 역시 도덕에서 벗어난다. 그것은 현자의 도道와 마찬가지로 폭군과 암살자, 전사와 범죄자의 도뿐만 아니라 상황에 저항하는 데 자기 삶을 바치는 인간들의 도를 인정한다. 어떤 이는 자기주장으로 나아가고 다른 이는 자기 파괴에 열중한다. 어떤 이는 삶을 주고 다른 이는 삶을 앗아간다. 인간의 도는 도 그 자체와 마찬가지로 어질지 않다.

이것은 19세기 후반과 20세기 초에 유럽에서 대중의 복음이 되었던 힘에의 의지will to power와는 아주 거리가 멀다. 프리드리히 니체(1844-1900)는 몇몇 후기 작품에서 세상의 모든 것이 힘을 위해 싸운다는 생각에 골몰했다. 니체는 스피노자를 존경했고 그에게서 많은 것을 배웠다고 주장했지만, 니체의 힘에의 의지는 스피노자가 모든 특수한 개체에서 발견하는 역능potency이 아니다. 그것은 니체의 초기 스승이었던 쇼펜하우어의 보편적인 삶에의 의지의 전도된 형태다. 차이점은 쇼펜하우어는 그 의지가 삶에 야기하는 고통을 안타까워하는 반면 니체는 그 의지에 수반되는 불화를 자랑스러워한다는 것이다.

니체 이전에 17세기의 영국 철학자 토머스 홉스는 인간이 힘에 대한 만족할 줄 모르는 욕망에 의해 추동된다고 주장했다. "모든 인류의 일반적 성향에 대해 말한다면, 죽기 전엔 그칠 줄 모르는, 힘에 대한 영원하고 끊임없는 욕망이다."**16** 홉스는 이 욕망이 다른 인간에 대한 불안, 더 구체적으로는 그들 손에 무참히 죽을지도 모른다는 불안에서 온다고 생각했다. 인간에게 그런 죽음은 최대 악summum malum이다.

홉스가 인간이 자연 상태 ─ 사회질서의 부재를 나타내는 신화적 구성 ― 에 있다고 묘사했을 때, 그는 그의 비판자들이 인정하곤 하는 것보다 인간의 현실에 더 가까이 접근했다. 전쟁은 평화만큼 자연스럽고, 역사는 폭력이 지극히 평범한 여러 시기를 담고 있다. 홉스는 사회질서를 유지하는 주권을 설정함으로써 인간이 이런 상황을 피할 수 있을 거라고 믿었다. 그러나 무참한 죽음에 대한 공포는 인간의 가장 강력한 충동은 아니다. 우리는 죽음을 미루기 위해서만 살지 않는다. 당신의 본성을 긍정하는 것은 죽음을 자초하는 것을 의미할 수도 있다. 인간은 자신이 사랑하는 누군가를 위해 또는 어떤 것을 보호하는 대가로 기꺼이 죽음을 받아들인다. 그저 살아남는 것은 비참한 삶의 방식일 뿐이며 죽을 준비가 되어 있다는 것은 본성을 거스르는 것이 아니다. 5장에서 보게 될 것처럼 인간은 자신과 동일시하는 이념을 위해 죽을 ― 그리고 죽일 ― 준비가 되어 있기도 하다.

스피노자의 자살에 대한 견해는 매우 흥미롭다. 모든 것은 자신을 특수한 개체인 채로 그대로 지속하고자 하므로 아무도 존재하기를 멈추는 것을 진심으로 원할 수 없다. 아무도 자신의 삶을 끝내길 원치 않는다. 따라서 자살자는 세상에 의해 살해당한 누군가다. 스피노자가 『에티카』에서 말한 것처럼 "어떤 것도 외부 원인에 의하지 않고는 파괴될 수 없다."[17]

다른 관점에서 보면 사람들은 자신의 코나투스가 자신에게서 등을 돌릴 때 자살한다.

스피노자는 인간이 ― 그들이 완전히 이성적이라면 ― 여하튼 죽음에 대해 생각하는 것을 피할 수 있다고 믿었다. 『에티카』의 유명한 구절에서 그는 "자유인은 결코 죽음에 대해 생각하지 않으며, 그의 지혜는 죽음이 아니라 삶에 대한 성찰이다"라고 쓴다. 그는 자신이 이 명제가 진실임을 증명할 수 있을 거라고 믿었다.

> 증명. ― 자유인, 즉 이성의 지시에 따라서만 살아가는 사람은 죽음의 공포에 이끌리지 않고 … 직접적으로 선한 것을 욕망한다. … 즉 … 자신의 이익을 추구한다는 원칙에 따라 행동하고 살아가며, 자기 존재를 유지하려고 한다. 따라서 그는 결코 죽음에 대해 생각하지 않으며, 그의 지혜는 삶에 대한 성찰이다. 증명 끝Q.e.d.[18]

스피노자의 증명 끝은 비현실적이다. 우리는 다른 많은 생각을 억누르는 것처럼 죽음에 대한 생각도 억누를 수 있지만, 단지 그것을 정신의 어두운 부분에 숨어 있게 할 수 있을 뿐이다. 죽음에 대해 아무것도 생각하지 않는 인간은 존재하지 않는다.

사심 없는 이기주의

우리는 도덕성의 최고 형태가 이타주의altruism ─ 즉 타자를 위해 사는 것 또는 사심 없음selflessness ─ 를 의미한다는 믿음을 물려받았다. 이런 전통에서 공감empathy은 좋은 삶의 핵심이다. 한편 고양이는 ─ 새끼 고양이와 관련된 경우를 제외하면 ─ 타자와 감정을 나눈다는 징후를 거의 보여주지 않는다. 고양이는 인간 동반자가 괴로워할 때를 감지하고 힘든 시간 동안 함께 있어줄 수도 있다. 아픈 사람과 죽어가는 사람에게 도움을 줄 수도 있다. 하지만 고양이는 이런 역할 중 어느 것에서도 자신을 희생하고 있는 것이 아니다. 고양이는 그저 그곳에 있음으로써 인간의 슬픔을 완화해준다.

포식자인 고양이에게 고도로 발달된 공감 능력은 역기능을 할 것이다. 그렇기 때문에 고양이에게는 이런 능력이 없다. 또한 그렇기 때문에 고양이가 잔인하다는 대중적인 믿음은 틀렸다. 잔인함은 공감의 부정형이다. 타자의 감정을 느끼지 않는 한 당신은 그의 고통을 즐길 수 없다. 인간은 중세 시대에 고양이를 고문하면서 이 부정적 공감을 드러냈다. 반대로 고양이들이 붙잡은 쥐를 가지고 놀 때, 그들은 쥐를 괴롭히는 걸 즐기지 않는다. 잡은 것을 가지고 노는 것은 그들의 사냥꾼으로서의 본성을 나타낸다. 그들은 자신의 힘 — 인간이 남달리 좋아하는 것 — 으로 생물을 괴롭히는 대신 가지고 노는 것이다.

이타주의와 좋은 삶의 연결은 자명해 보일 수도 있지만 그것은 윤리학에서 새로운 것이다. 타자를 돌보는 것은 고대 그리스에서 그다지 중요한 가치가 아니었다. 아리스토텔레스는 자기희생에 대해 아무것도 말하지 않는다. "위대한 영혼의 소유자"는 우주를 고찰하지 않을 때 스스로에게 감탄하며 시간을 보냈다. 완전한 평온의 상태 또는 열반nirvana을 이루기 위해 자아라는 환상에서 벗어나는 것을 목표로 했던 초기 불교에서도 이타주의는 별로 두드러지지 않는다. 부처는 오직 인간만이 이러한 해탈liberation에 도달할 수 있을 거라고 믿었던 것 같다. 이제는 힌두교라고 불리는 관습의 주요 부분을 형성하는 초기 인도 전통은 각각의 생명체가 자신의 본성에 따라 행동함으로써 자유를 얻는다고 믿었다. 여기에서 힌두 전통은 불교보다 도교에 더 가깝다. 부처에게 해탈은 자아selfhood를 버리는 것을 의미하지만, 여전히 목표는 자기 자신을 자유롭게 하는 것이었다. 불교 역사의 후반부에 이르러

서야 깨달은 개인(보살bodhisattva)이 사심 없는 지고의 행위로 모든 지각 있는 존재를 해방시키기 위해 다시 태어나고자 열반을 포기할 수도 있다는 관념이 나타났다.

기독교의 경우 좋은 삶이 언제나 타자를 돕는 것을 의미하지는 않는다. 만년에 정교회 수도원에 들어가 수도사로 죽은 19세기 러시아의 종교철학자 콘스탄틴 레온티예프는 기독교를 "초월적 이기주의" — 개인의 구원에 집중하는 삶의 방식 — 의 한 유형으로 보았다.[19] 기독교는 흔히 사랑의 종교라고 말해지지만 기독교 신비주의자가 말하는 사랑은 하느님의 사랑이다. 인간은 하느님의 자녀로서 사랑받지만 만약 인간이 실수를 범한다면 지옥살이를 각오해야 한다. 기독교는 불교만큼 보편적인 사랑으로 규정되지 않는다.

오늘날 최고의 삶은 최고로 좋은 것을 하는 삶이라고 생각하는 철학자들이 있다. 19세기 제러미 벤담Jeremy Bentham과 같은 사상가들에 의해 주창된 공리주의 철학을 발전시키면서 그들은 최고의 삶이 공공복지— 보통 누군가의 행위에 영향을 받는 모든 사람의 욕망을 만족시키는 것으로 규정된다 — 를 극대화한다고 믿었다. 이러한 "효율적 이타주의"의 주창자들은 좋은 삶을 사는 것과 가장 좋은 일을 하는 것이 동일한 것인지 질문할 생각을 하지 않았다.[20] 결국 오늘날 그것들이 동일시되는 것은 역사적 우연일 뿐이다. 만약 기독교가 승리를 거두지 않았고 서구가 여전히 그리스 로마 윤리의 어떤 형태에 의해 지배된다면 이런 식으로 생각하는 사람은 거의 없을 것이다.

이타주의는 근대의 관념이다. 프랑스의 사회학자 오귀스트 콩트(1798-1857)가 자신이 창시해 전파한 "인류교Religion of Humanity"의 핵심을 정의하기 위해 이 말을 만들었다. 이 소위 과학적인 종교에서 좋은 삶은 어떤 신성한 존재가 아니라 "인류"를 섬기는 삶이었다. 확실히 그가 제자들에게 실천하라고 권고했던 이타주의는 실제로 존재하는 어떤 인간을 향하지 않았다. 그리고 더 놀라운 것이 있다면 이타주의의 수혜자 — 그가 발생하고 있다고 믿었던 계몽된 종種 — 가 그것이 대체했던 신만큼이나 인간의 상상의 산물이었다는 것이다.

비록 요즘엔 거의 잊혔을지라도 콩트의 세속 종교는 도덕과 이타주의를 동일시하는 데 막대한 영향을 미쳤다. 최근 수십 년 동안 도덕성이 진화론의 용어로 설명될 수 있다고 주장하는 수백 권의 책이 나타났다. 그것들 모두는 도덕적 행위가 본질적으로 이타적이라는 역사적, 문화적으로 편협한 전제를 당연하게 받아들인다. 타자를 위한 삶으로서의 좋은 삶이라는 기독교 인본주의적 구상은 단지 인간이 성취감을 느겼던 많은 것 중 하나일 뿐이다.

　그런데 이 구상이 대중적이고 과학적인 사고에 너무나 깊이 들어가서 윤리는 "분열을 일으키는 이타주의의 실패를 바로잡는 것을 목표로 하는 것"이라고 설명되어왔다.[21] 생물학에서 이타주의는 대체로 집단 내부에서 협력하는 행위를 지시하는 개념이다. 이타주의가 진화적 기능을 갖고 있다는 것을 보여주었던 일부 철학자는 자신들이 인간의 윤리적 삶을 설명했다고 믿었다. 그러나 그들이 설명한 것이 있다면 단지 현대의 세속 지식인들이 가짜 다윈주의의 용어로 재구성한 기독교 도덕의 희미한 형태일 뿐이다.

　스피노자도 도교도 좋은 삶을 타자를 위해 사는 것이라고 생각하지 않는다. 동시에 그들은 자아실현을 일종의 무아無我egolessness와 연결시킨다. 미국의 철학자이자 스피노자 연구자로 다년간 참선을 수행하기도 한 폴 위엔팔이 지적했던 것처럼 17세기 프랑스 철학자이자 회의주의자였던 피에르 베일Pierre Bayle은 스피노자 철학과 선불교의 관련성을 알아봤다. 위엔팔은 다음과 같이 쓴다.

　내가 알기로 베네딕트 스피노자와 선불교 사이의 유사성에 대한 최초의 인지는 피에르 베일 사전의 스피노자 항

목에서 일어났다. 여기에서 베일은 스피노자 철학과 "한 중국 종파의 신학"을 관련짓는다. 그의 서술을 읽어보면 그가 선불교도 또는 예수회가 칭한 대로 포 키아오Foe Kiao(무인no man) 추종자에 대한 예수회의 설명을 전하고 있음이 명백하다. 이런 인식에서 베일은 베네딕트 스피노자에게 새로운 것은 아무것도 없다고 말했다. 왜냐하면 "한 고대 중국 종파의 신학"도 무無라는 불가해한 관념에 기초하기 때문이다. … 베일에게 이것은 실체적인 모든 것이 현실에서 제거된다는 것을 의미했다.22

위엔팔은 계속해서 선禪의 중심 개념이 자아의 무위nothing-ness of the self라고 말한다. 선종禪宗은 중국에서 불교와 도교의 상호작용의 결과로 생겨났고, 인간의 자아가 환상이라는 통찰은 두 종교에 공통적이다.

스피노자 철학과 도교의 윤리 사이의 관련성을 인식했던 또 다른 학자는 노르웨이의 욘 베틀레센이었다. 베틀레센은 『현자와 도 — 스피노자의 자유의 윤리학』에서 도교는 "자기 자신이 아닌 것이 되는 것이 아니라 자기 자신이 되는 것을 목표로 한다. 이것은 덧없는 자아의 일부분에 대한 어떤 특별한 행위를 요구하는 게 아니라 오히려 자아의 무화를 요구한다."**23**고 쓴다. 그는 스피노자에게서 개인의 진정한 본성과 자아의 똑같은 구분을 발견한다.

당신 자신의 개인적 본성을 자각하는 윤리는 어떤 자기 창조 관념과는 다르다. 인간이 동일시하는 자기는 사회와 기억의 구성물이다. 유아기와 유년기에 자신에 대한 상象을 형성하면서 인간은 그 자아상self-image을 보존하고 강화함으로써 행복을 추구한다. 하지만 인간이 자신에 대해 갖는 상은 자신의 몸이나 자신의 삶의 실재가 아니며, 그것을 뒤쫓는 일은 충족감이 아니라 자신에 대한 좌절감으로 이어진다.

다른 동물들은 자신들의 삶을 그러한 환영과 나누어 갖지 않는다. 그들 대부분은 자신들에 대한 어떠한 상도 가지고 있지 않다. 그들에게 자기 보존은 상상된 자아의 계속된 실존이 아니라 몸의 지속적인 활력을 의미한다. 그들은 마치 자신들이 어떤 다른 존재에 속하는 것처럼 자신들의 생각과 충동을 검열하는 공허한 자아가 아니다. 그들이 행동할 때는 행동하고 있는 것이 자기 안의 분리된 실체 ― 정신 또는 자아 ― 라는 인간적인 감각이 없다.

기만적인 자아상이 없다는 점에서 고양이는 본보기가 된다. 고양이는 미국의 심리학자 고든 갤럽 주니어Gordon Gallup Jr.가 1970년에 개발한 거울 자기 인식(MSR) 실험을 통과했던 선별 집단에 속하지 않는다. 그 실험을 위해서는 동물에게 어떤 물리적 표시를 해야 했는데, 그 표시는 주로 거울에서만 볼 수 있는 신체 부위에 색깔이 있는 점을 찍는 것이었다. 만약 동물이 그 색깔이 보이는 자신의 신체 부위를 만지려 한다면 자기 인식을 보인 것으로 간주된다. 인간, 침팬지, 난쟁이 침팬지, 고릴라와 더불어 돌고래와 범고래 같은 고래목 동물 그리고 까치와 같은 일부 새들이 그 실험을 통과했다. 그밖에 까마귀, 돼지와 짧은 꼬리 원숭이가 그 실험에서 부분적인 자기 인식을 보여주었다.

고양이는 거울에 비친 자기 모습에 무관심하게 반응하거나 그렇지 않으면 그것이 다른 고양이인 것처럼 반응한다. 어떤 고양이들은 인간이 그들을 비웃을 때 괴로워한다고 보고되었고, 어떤 품종 — 예컨대 샴 고양이 — 은 자부심이 강하다는 평판이 있다. 하지만 이 고양이들은 자신들이 어떻게 받아들여지는지에 대해 언짢아한다기보다는 인간의 반응을 자신들에게 적대적이거나 위험한 것으로 해석한 것일 수도 있다. 또 고양이들이 교태를 부리거나 다른 고양이 친구들에게 위협적일 수도 있지만, 그들은 자신들에 대해 만들어낸 이미지에 윤을 내고 있는 것이 아니다. 그들은 짝에게 구애하거나 자기들의 영역을 지키기 위해서 다른 고양이들에게 그들 자신의 이미지를 투영하는 것이다.

고양이들이 자기 이름을 인식할 수 있다는 연구 결과가 있지만, 그들은 누군가가 부를 때 대답하고 싶지 않을 수도 있다.[24] 인간과 고양이의 교류의 역사는 인간이 붙인 이름에 고양이가 대답해야 할 정도로 고양이를 의존적으로 만들지 않았다. 개와 달리 고양이는 자아에 대한 인간의 감각을 전혀 습득하지 않았다. 확실히 고양이는 자신을 외부 세계와 구별한다. 하지만 그들에게 세계와 상호작용하는 것은 자아 또는 자기가 아니다.

고양이의 윤리는 일종의 사심 없는 이기주의다. 고양이는 오직 자기 자신과 자기가 사랑하는 다른 것들에만 관심을 가진다는 점에서 이기주의자다. 고양이는 보존하고 확대하려고 애쓰는 자아상이 없다는 점에서 사심이 없다. 고양이는 이기적으로 살아가는 것이 아니라 사심 없이 자기 자신으로 살아간다.

전통적 도덕주의자들은 바로 그 고양이의 윤리학이라는 발상에 반대할 것이다. 옳고 그름의 원칙을 이해할 수 없다면 어떻게 한 생물이 도덕적일 수 있는가? 확실히 그러한 원칙을 지키기 위해 수행된 행위만이 도덕적일 수 있다. 행위에는 행위자가 알 수 있는 이유가 있어야 하고, 그렇지 않으면 도덕성은 존재할 수 없다.

익숙한 불평이다. 그런데 만약 이것이 도덕성이 요구하는 것이라면 인간 역시 도덕적일 수 없다. 그렇다, 인간은 어떤 원칙을 제시하고는 그것을 지키려고 노력할 수도 있다. 하지만 인간은 자신이 왜 그렇게 행동하는지는 거의 알지 못한다. 왜 한 원칙은 되고 다른 원칙은 안 되는가? 만약 둘 또는 그 이상의 원칙이 모순된다면 그 사이에서 어떻게 결정할 수 있는가? 설령 인간이 자신이 하는 행동의 이유를 찾는다 해도 그것이 그를 행동하게 만들었다는 것을 어떻게 아는가? 인간은 재채기를 하거나 하품을 하기로 결정하지 않는 것처럼 "도덕적으로" 행동하기로 결정하지 않는다. 좋은 삶이 자기가 선택한 행동으로 이루어진다고 여기는 철학은 마법사를 속이기 위한 교묘한 속임수다.

좋은 삶이 좋음의 이념을 추구하는 삶이라는 믿음은 잘못된 것이다. 여기에서 이념은 플라톤에게서처럼 일종의 환상을 의미한다. 우리는 좋은 것을 언뜻 본 후에 그것에 접근하기 위해 애쓰면서 일생을 보낸다. 당연히 고양이들은 그런 종류의 일은 하지 않는다. 그들은 어둠 속에서도 볼 수 있지만 그들의 삶에서는 후각과 촉각이 더 중요하다. 좋은 삶은 그들이 느끼고 냄새 맡는 삶이지, 멀리 있는 어떤 것을 흐릿하게 목격하는 것이 아니다.

좋은 삶은 어떤 이념을 구현할 필요가 없다. 타자들을 도움으로써 그들의 고통에 반응하는 사람들은 자신들이 뭘 하고 있는지에 대한 생각이 있든 없든 연민을 드러낸다. 만약 그들이 자신이 연민을 느끼고 있다는 것을 전혀 모른다면 그들은 실로 더 고결할 것이다. 용기에 대해서도 마찬가지다.

인간과 마찬가지로 고양이에게 좋은 삶은 고양이의 덕에 달려 있다. 아리스토텔레스는 신중함이 없는 사람들은 다른 덕을 가지고 있다 하더라도 성공할 수 없다고 지적했다. 그들이 무슨 일을 하든지 허사가 될 것이다. 비슷하게 끊임없이 두려워하는 고양이는 잘 살 수 없다. 고양이의 삶은 야생에서든 인간의 거주지에서든 위험하다. 용기는 인간의 덕목인 만큼이나 고양이의 덕목이다. 용기 없이는 고양이도 인간도 번성할 수 없다.

어떤 생명체에게 좋은 삶은 자신의 본성을 실현하기 위해 무엇을 필요로 하는가에 달려 있다. 좋은 삶은 견해나 관습이 아니라 이런 본성과 관련이 있다. 파스칼이 말했던 것처럼 인간은 태어날 때부터 가지고 있는 본성과 함께 관습에 의해 형성된 이차적 본성을 가진다는 점에서 특이하다. 인간이 이차적 본성을 일차적 본성으로 오인하는 것은 자연스러운 일이고, 사회의 관습에 따라 살았던 많은 사람이 결과적으로는 나쁘게 살았다. 자신의 본성을 착각하는 것은 고양이의 습성은 아니다.

확실히 우리는 고양이가 되는 것이 어떤 것인지 알 수 없다. 다른 인간이 되는 것이 어떤 것인지도 알 수 없다. 그런데 우리는 다른 인간들을 감정 없는 기계라고 믿는 사람은 정신 질환을 앓고 있는 거라고 지당하게 생각하지만, 반면에 다른 동물들에 대해 똑같이 생각했던 데카르트 같은 철학자들은 현자라고 칭송해왔다. 사실 고양이들의 내면세계는 우리의 내면세계보다 더 명료하고 선명할 것이다. 그들의 감각은 더 날카롭고 그들의 깨어 있는 주의력은 꿈으로 흐려지지 않는다. 자아상의 부재가 그들의 경험을 더 강렬하게 만들 수도 있다.

고양이가 행동하는 한결같은 방식으로 판단하면, 사심 없는 고양이의 상태는 선불교의 "무심無心no-mind"상태와 공통점을 가진다. "무심"을 이룬 사람은 무심한 것이 아니다. "무심"은 번뇌 없는 집중 ― 달리 말해 자신이 하고 있는 일에 완전히 빠져든 것 ― 을 의미한다.[25] 인간에게 이런 상태는 좀처럼 자연스럽지 않다. 최고의 사수는 생각하지 않고 화살을 쏘는 사람이지만, 이것은 오직 일평생 연습한 후에만 도달

할 수 있는 것이다.[26] 고양이는 무심의 상태를 타고난다.

다른 동물의 의식적 자각을 부인하는 철학자들은 그들 자신의 정신 상태를 안다고 해도 단지 단속적으로만 알고 있다고 생각한다. 인간의 내적 삶은 단편적인 사건들로 구성되고, 흐릿하고, 종잡을 수 없으며, 때때로 혼란스럽다. 대개 자기를 인식하는 자아는 없고, 다소 일관성 있는 경험들이 뒤섞여 있을 뿐이다. 우리는 유령처럼 출몰하면서 분열되고 단절된 일생을 사는 반면, 자아가 없는 고양이는 언제나 자기 자신으로 산다.

4

인간 대 고양이의 사랑

사랑에 대한 열렬한 애착은 많은 인간의 삶의 중심에 있다. 주로 그것은 다른 인간에 대한 사랑이지만 비인간 동물에 대한 사랑일 수도 있다. 가끔 이들 사랑은 서로 충돌할 수도 있다. 문학과 회고록이 이 두 사랑의 차이를 분명히 보여줄 수 있다.

사아의 승리

인간과 고양이의 사랑의 충돌은 시도니 가브리엘 콜레트Si-donie-Gabrielle Colette(1873-1954)의 단편소설 『암고양이』(1933)의 주제다. 프랑스의 쇠락하는 중산층 가정에서 태어난 콜레

트는 20세에 유명한 작가와 결혼하게 되었고, 그는 자기 이름
으로 여러 소설을 출판하는 데 콜레트의 문학적 재능을 이용
했다. 1906년에 콜레트는 남편을 떠나 몇 년간 무대 연기자로
불안정한 삶을 살았다. 그녀는 1912년에 전국지 편집자와 결
혼했지만 12년 후에 이혼했고, 어느 정도 그것은 그녀가 16세
의 의붓아들과 바람을 피운 결과였다. 그녀는 1925년에 다시
결혼했고 그 결혼은 죽을 때까지 지속됐다. 그녀는 또한 여성
과 연애를 했고, 그중 몇몇과의 관계는 수년에 걸쳐 이어졌
다. 그리고 그녀는 고양이를 매우 좋아했으며 고양이가 자신
의 고독에 필수적이라고 설명했다. 그녀는 글쓰기를 오래 중
단한 적이 없었고, 1948년에 노벨 문학상 후보로 지명되었다.
죽을 때까지 그녀는 세계에서 가장 존경받는 작가들 중 하나
였다.

    콜레트의 전기 작가 주디스 서먼은 『암고양이』에 대해 이
렇게 쓴다. "고양이가 낭만적 주인공인 이 소설에서 콜레트
의 산문은 특히 고양이 같다 ― 초연한 동시에 관능적인, 더
둔한 인간의 감각에서는 사라지는 육체의 쾌락과 자극을 상
세하게 관찰한다."[1] 주인공은 알랭과 함께 사는 황금빛 눈을
가진 샤르트뢰(러시안 블루) 고양이 사아Saha다. 알랭은 무너
져가는 가족 별장의 아름다운 정원에서 사아와 함께 시간을

보내는 걸 다른 무엇보다도 즐기는 멋진 청년이다. 알랭은 어머니의 권유로 카미유라는 성적으로 자유분방한 19살의 젊은 여성과 결혼하고, 둘은 "시간이 빨리 흘러가게 하고, 몸이 쉽게 쾌락에 이르게 하는 오락거리에 빠졌다."[2] 하지만 알랭은 곧 카미유에게 싫증이 난다. 그녀의 몸이 상상했던 것보다 아름답지 않은 것 같고, 그녀의 섹스 요구에 지친다. 그가 그녀를 지루해하는 데는 오랜 시간이 걸리지 않는다. 기회가 될 때마다 그는 사아와 함께 정원으로 퇴각한다.

카미유는 점점 더 질투가 심해지고, 알랭이 없는 어느 날 아침 사아를 그들이 살고 있는 고층 아파트 창밖으로 던진다. 사아의 추락은 차양으로 인해 가로막히고, 사아는 다치지 않고 살아남는다. 알랭의 고양이를 죽이려 한 이 실패한 시도는 알랭이 답답해진 인간관계에서 벗어날 수 있게 해준다. 그는 사아를 바구니에 담아 어머니에게 돌아간다. 다음 날 아침에 카미유가 나타나 용서를 구한다. 알랭은 받아들이지 않는다. 그는 천천히 그리고 조용히 그녀에게 말한다. "아름다운 꿈처럼 푸른, 죄 없는 작은 생명. 자기가 선택한 것이 자기를 저버리면 고고하고 평온하게 죽을 수도 있을 만큼 충성스러운 어린 영혼. 너는 그런 생명을 두 손으로 붙잡아 허공으로 들어올렸고 … 손을 놓아버린 거야. 너는 잔인해. 난 잔인한 괴물과 함께 살고 싶지 않아."[3]

카미유는 동물 때문에 자기가 "희생"되는 것에 몸서리친다. 격한 언쟁이 오간 끝에 그들의 미래는 불확실한 채로 남는다. 알랭은 지쳐서 의자에 깊숙이 몸을 묻는다. 갑자기 "기적처럼" 사아가 옆에 있는 고리버들 탁자 위에 나타난다. "잠시 동안 사아는 경계하면서 카미유가 떠나는 걸 인간만큼 골똘히 지켜보고 있었다. 알랭은 그것을 무시한 채 옆으로 반쯤 누워 있었다. 그는 한 손을 오목하게 만들어서 가시로 뒤덮인 8월의 초록색 밤송이를 솜씨 좋게 가지고 놀고 있었다."[4]

이 소설의 마지막 말은 소설의 중심 주제를 요약한다. 어떤 인간보다도 사아를 좋아한 알랭은 그 자신이 고양이와 비슷해진다. 이 러시안 블루 고양이는 간접적으로 묘사되기는 하지만 이야기 속에서 가장 완전하게 표현된 캐릭터다. 카미유의 질투는 노골적으로 드러난다. 사아의 질투는 단지 암시될 뿐이다. 고양이의 승리는 처음부터 분명하다.

고양이 애호가에게 이것은 정말 기분 좋은 이야기다. 이 이야기의 결점은 사아의 질투다. 고양이가 다른 고양이를 질투할 수도 있지만, 우리에게 질투처럼 보이는 것은 그의 영역에 다른 고양이가 들어올 때 일어나는 습관의 혼란에 대한 반응에 불과할지도 모른다. 고양이는 함께 사는 인간의 삶 속으로 다른 인간이 들어올 때 좀처럼 질투를 보이지 않는다. 개는 주인의 독점적 관심과 헌신을 요구할 수도 있다. 영국의 작가, 편집자이자 방송인인 J. R. 애컬리는 회고록『나의 개 튤립』(1956)에서 자신의 반려견 퀴니Queenie의 강렬한 소유욕을 회상한다.[5] (애컬리는 자신이 게이라는 사실을 결코 감추지 않았지만, 개의 이름이 저자의 섹슈얼리티를 암시하는 것처럼 보일 수도 있다는 이유로 책에서는 이름이 바뀌었다.) 애컬리의 책은 인간과 비인간 동물 간의 사랑에 대한 가장 위대한 이야기들 중의 하나이지만, 만약 퀴니가 고양이였다면 그 책은 써질 수 없었을 것이다.

고양이와 함께 사는 누구든지 고양이가 우리와 함께 있는 것을 즐길 수 있다는 걸 안다. 고양이가 배를 보이고 누워서 쓰다듬어달라고 요구할 때, 고양이는 자신이 신뢰하고 애정을 느끼게 된 인간에게 자기 몸에서 가장 취약한 부위를 노출하고 있는 것이다. 고양이는 우리와 함께 있는 것, 함께 노는 것을 좋아한다. 하지만 이것은 애컬리가 퀴니에 대해 묘사하는 그런 종류의 독점적 애착은 아니다. 고양이는 종종 자신이 직접 고른 여러 개의 집을 갖고, 각각의 집에 음식을 구하러 그리고 관심이 있어서 간다. 만약 자신과 가장 가까운 인간 동반자가 당분간 떠난다면 개는 괴로워할 것이다. 고양이는 자기 삶에서 가장 친밀한 인간이 떠날 때 거의 알아차리지 못하는 것처럼 보일지도 모른다. 고양이는 인간을 사랑하게 될 수도 있지만, 그것은 고양이가 인간을 필요로 한다거나 인간에게 어떤 의무감을 느낀다는 것을 의미하진 않는다.

밍의 가장 큰 사냥감

미국의 소설가이자 단편 작가인 퍼트리샤 하이스미스Patricia Highsmith(1921-1995)는 도덕관념이 없는 살인자 톰 리플리를 만들어냈고, 그는 하이스미스의 책 다섯 권과 그 책들에 기반한 여러 영화의 주인공으로 등장한다. 하이스미스는 또한 학대당한 동물이 인간에게 복수하는 이야기를 썼다. 하이스미스의 전기 작가 앤드류 윌슨은 이 이야기에 대해 다음과 같이 쓴다. "동물들을 주체의 위치에 두고 그들의 생각에 목소리를 부여함으로써 하이스미스는 인간의 합리주의를 찬양하는 서양철학 전통을 혼란에 빠뜨렸다."[6] 한 이야기는 바퀴벌레가 주인공인데, 그는 자신이 살고 있는 호텔에 묵는 인간만큼 자신도 거주자라고 불릴 자격이 있다고 느낀다.

어떤 사람은 하이스미스가 그녀의 고양이들을 모델로 리플리를 만들었다고 주장했고, 그녀가 고양이들 중 하나를 자신의 사이코패스 반영웅을 따라 리플리라고 불렀다는 보도도 있었다. 하지만 오직 인간만이 사이코패스일 수 있다.[7] 고양이들은 때로 감정이 없는 것처럼 보일 수도 있지만, 그건 단지 그들이 얼굴보다는 귀와 꼬리로 감정을 표현하기 때문이다. 그들은 가르랑거리는 것으로도 감정을 표현한다. 보통 가르랑거리는 것은 그들이 행복하다는 표시이지만 늘 그렇지는 않으며 — 때때로 그것은 괴로움의 표시일 수도 있다. 어느 쪽이든 거기에 속임수는 전혀 없다.

하이스미스는 비인간 생물에 대한 깊은 공감을 느꼈다. 소호를 걷다가 그녀는 우연히 배수로에 누워 있는 다친 비둘기를 발견했다. 동행이 비둘기를 구조할 수 없다고 그녀를 설득했지만 그녀는 눈에 띄게 괴로워했다. 그녀는 공장식 양계업의 잔인함에 몸서리쳤고, 동네의 검은 고양이의 꼬리를 바짝 자른 사람을 찾아낸다면 망설이지 않고 총으로 쏠 것 — 그리고 "죽일 것" — 이라고 말했다. 그녀는 달팽이를 무척 좋아해서 서픽Suffolk의 자신의 정원에서 키웠고, 가끔 핸드백에 거대한 상추 포기와 함께 백 마리가 넘는 달팽이를 넣고 다녔다. 프랑스로 거처를 옮겼을 때는 자신의 반려 달팽이 몇 마리를 가슴 밑에 숨겨서 밀반입했다.[8] 그녀의 노년의 간병인은 그녀가 집으로 잘못 들어온 거미를 다치지 않도록 조심해서 정원으로 돌려보냈다고 회상했다. "그녀에게 인간은 이상했고 — 그녀는 인간을 결코 이해할 수 없을 거라고 생각했다 — 아마도 그래서 그녀가 고양이와 달팽이를 그토록 좋아했던 것 같다."[9] 오랜 친구는 그녀에 대해 이렇게 썼다. "보통의 동물들에 대해 말하자면 그녀는 그들을 인간보다 더 예의 바르게 행동하는 더 품위 있고 정직한 개별 인격체로 보았다."[10]

청년기에 자신의 섹슈얼리티에 대해 고심했던 하이스미스는 자신이 동성애자인 것을 "치료"하려 했던 상담사에게 일련의 정신분석을 받았다. 한때 그녀는 관례적인 결혼을 하는 걸 고려했던 것 같다. 그녀는 많은 여성 연인을 만나고 몇몇 게이 남성과 지속적인 우정을 유지했지만, 그녀가 동물들과 누렸던 동료애를 찾진 못했던 것 같다. 그녀는 열정적으로 고양이들을 사랑했고, 그들이 "인간이 줄 수 없는 것을 작가에게 준다"고 썼다. 그것은 "무언가를 요구하거나 방해하지 않는, 거의 움직이지 않는 고요한 바다만큼 평화롭고 변하지 않는 동료애였다."[11]

하이스미스는 「밍Ming의 가장 큰 사냥감」에서 자기 주인의 연인에게 복수하는 아름다운 샴 고양이를 그렸다. 밍은 조용한 삶을 더 좋아했다.

밍은 집의 테라스에 있는 긴 캔버스 의자에서 자기 주인과 함께 햇볕을 쬐며 누워 있는 걸 가장 좋아했다. 밍이 좋아하지 않는 것은 가끔 주인이 집으로 초대하는 사람들이었다. 밤을 샜던 사람들, 먹고 마시고 축음기를 틀거나 피아노를 연주하며 아주 늦은 밤까지 깨어 있었던 수십 명의 사람들 … 사람들은 그의 발을 밟았고, 때때로 그가 어찌할 수 없게 뒤에서 그를 들어 올리는 바람에 빠져나가려고 몸부림치고 싸워야 했으며, 그를 거칠게 쓰다듬었고, 어딘가의 문을 닫아 그를 가둬버렸다. 인간들이란! 밍은 인간을 몹시 싫어했다. 밍은 이 세상에서 일레인만을 좋아했다. 일레인은 그를 사랑했고 이해했다.[12]

아카풀코 연안을 항해하는 여행에서 일레인의 새로운 연인 테디가 밍을 배 밖으로 밀어버리려 했을 때 밍은 반격하기로 결심한다. 그날 늦게 그들이 별장으로 돌아왔을 때 테디가 이번에는 밍을 테라스 밖으로 던져서 또다시 제거하려고 한다. 밍은 그의 어깨 위로 뛰어오르고, 둘은 함께 바닥으로 떨어진다. 테디가 죽었지만 밍은 숨이 가쁠 뿐이다. 싸움에서 회복한 그는 아직 햇볕으로 따스한 테라스의 그늘진 구석에서 발을 몸 아래로 접고 앉는다.

아래에서 떠들썩한 말소리, 발소리, 덤불이 부서지는 소리가 났고, 그런 다음 계단 위로 그들의 온갖 냄새가 올라왔다. 담배 냄새, 땀 냄새 그리고 아주 익숙한 피 냄새가 났다. 그 남자의 피였다. 밍은 새를 죽여서 이빨 아래에서 피 냄새가 날 때처럼 기뻤다. 그는 커다란 사냥감이었다. 사람들이 시체를 들고 지나갈 때 밍은 다른 누구의 눈에도 띄지 않은 채 꼿꼿이 서서 들어 올린 코로 승리의 향기를 들이마셨다.[13]

이야기는 밍과 그의 주인이 침실에 함께 있는 것으로 끝난다. 일레인은 밍의 머리를 쓰다듬고, 그의 발을 들어 올려 발톱이 나오도록 부드럽게 누른다. "그녀는 '오, 밍 ― 밍'이라고 말했다. 밍은 그녀의 말투에 사랑이 담겨 있다는 걸 알았다."[14]

이것은 콜레트의 이야기처럼 고양이 애호가에게 만족스런 이야기다. 이야기는 밍의 관점에서 말해지고, 그는 내내 매력적인 캐릭터다. 그는 대개 인간을 특별히 좋아하지 않을 수도 있지만 테디가 자신을 죽이려 한 후에야 그를 적으로 결정했다. 게다가 복수할 때 밍이 한 일은 오히려 정당방위로 여겨질 수도 있을 것이다. 밍과 일레인의 관계는 해독하기 어렵다. 일레인이 그를 사랑한다는 것에는 의심의 여지가 없다. 밍이 그녀의 애정에 응답하는지 또는 그녀를 단순히 함께 있으면 행복한 생물로 여기는지의 여부는 열린 채로 남는다. 그런데 만약 후자일지라도 그것 또한 사랑이 아닐까?

고양이의 사랑은 많은 이유로 인간의 사랑과 다르다. 암고양이와 수고양이의 성적 접촉은 몇 분간 지속되고, 그것은 함께하는 삶으로 이어지지 않는다. 새끼를 보호하는 사자의 경우를 제외하면 수고양이는 새끼를 기르는 데 관여하지 않는다. 새끼 고양이는 어미 고양이에게 필요한 기술을 배우자마자 혼자 살아가기 위해 떠난다. 하지만 고양이들 간의 사랑에는 많은 종류의 인간의 사랑에는 없는 특성이 있다. 고양이들은 외로움, 지루함 또는 절망으로부터 벗어나기 위해 사랑하지 않는다. 그들은 충동이 이끌 때 그리고 함께 있어 즐거울 때 사랑한다.

젊을 때 하이스미스는 마르셀 프루스트 — 인간의 사랑에 대한 최고의 분석가 — 의 헌신적인 추종자였다. 이십대 중반까지 그녀는 자신을 작가인 만큼이나 예술가라고 생각했고, 평생 동안 회화, 드로잉, 목공예 작업을 계속했다. 그녀의 사후에 다수의 드로잉이 출판되었고, 그중에는 〈목욕물을 확인하는 마르셀 프루스트Marcel Proust Examining His Own Bath Wa-

ter〉라는 제목이 붙은 드로잉과 더불어 많은 고양이 드로잉이
있었다.[15]

프루스트의 작품에서 인간의 사랑은 법의학적으로 해부된
다. 프루스트 연구자 제르맹 브레는 다음과 같이 쓴다.

사회는 개인이 서로 접촉할 수 있는 모든 방도를 시험해
볼 수 있는 일종의 생물학적 문화를 형성한다. … 사랑은
거기에서 태어난다. … 그러나 무엇보다도 사랑의 모든
형태에서 번성하는 것은 파스칼의 의미에서 "기분 전환"
의 욕구다.
사회인에게 "기분 전환"은 자신의 욕구를 충족시키고
지루함을 숨기려는 유일한 목적을 위해 타자를 이용하
는 기술이다. 애정과 관련된 경우에 이런 이용은 자신에
대해서도 타자에 대해서도 허락될 수 없다. 그것이 프루
스트의 인물들이 감추고, 가식적으로 꾸미고, 서로를 배
신하는 이유다. 그들은 자신의 진짜 의도를 숨긴 채 자
신뿐만 아니라 서로에게 다양한 구실로 거짓말을 한다.
… 전적으로 자기 뜻대로 할 수 있는 돈과 여가 모두를
가진 그 사교 집단은 단지 하나의 뿌리 깊은 욕망만을
가진다. 그 욕망은 존재의 공허함으로부터 보호받고, 불

안을 조성하는 메마른 삶의 실체로부터 안심시켜주고 그 자체로 돋보이는 가면을 얻는 것이다. … 그들은 이해하는 것도 아는 것도 원하지 않으며 오직 꾸미고 즐기기를 원한다.[16]

브레가 보여주는 것처럼 프루스트의 사랑에 대한 분석은 파스칼의 기분 전환에 대한 설명과 많은 공통점을 가진다. 프루스트가 파스칼과 다른 점은 기분 전환이 일반적인 법칙에 따른다고 생각한다는 것이다. 사랑은 연인이 아무것도 모르는 메커니즘의 산물이다. 열병과 환멸의 속임수는 그들이 이해하거나 통제할 수 없는 힘에 사로잡혀 있다는 것을 보여준다. 허영심과 질투는 그들을 압박하여, 자신들의 늙어가는 몸과 자신들이 향해 있는 죽음으로 가는 길을 잊을 수 있는 상상의 세계로 가게 만든다. 에로틱한 사랑은 기계의 작동이며 이 사랑의 기계적 특성은 구제하는 힘이다. 심지어 가장 극심한 질투와 가장 쓰라린 실망조차 공허함으로부터 일시적으로 벗어나게 해준다. 사랑은 인식과 이해 ― 다른 사람에 대한 것이든 자기 자신에 대한 것이든 ― 에 대한 장벽을 세워서 인간을 자기 자신인 것으로부터 구제해준다.

프루스트의 이 분석에서 인간의 사랑은 짐승의 결합보다

더 기계적이다. 인간은 사랑에서 다른 어떤 것보다도 자기기만에 의해 지배된다. 반면 고양이가 사랑할 때 그 사랑은 자신을 속이기 위한 것이 아니다. 고양이는 이기주의자일 수는 있지만 허영심으로 괴로워하지 않는다 — 어쨌든 인간에 관해서는 그렇다. 고양이가 인간에게 원하는 것은 자신이 평소의 만족스러운 상태로 돌아갈 수 있는 장소다. 만약 인간이 고양이에게 그런 장소를 줄 수 있다면 고양이는 인간을 사랑하게 될 수도 있다.

사랑하는 릴리

소설가 다니자키 준이치로谷崎潤一郎(1886-1965)는 일본의 근대화로 인한 일본인들의 삶의 변화를 그려낸 것으로 유명했다. 그의 작품 대부분은 그 과정에서 잃어버렸을지도 모르는 것들에 대해 묻는다. 그가 잃어버렸다고 믿는 한 가지는 아름다움에 대한 독특한 감각이었다. 긴 에세이 『음예 예찬』(1933)에서 그는 이렇게 썼다.

우리는 사물 자체에서가 아니라 서로 대비되는 빛과 어둠이 만들어내는 음예shadows의 무늬에서 아름다움을 발견한다. 야광 보석은 어둠 속에서는 광채를 발하지만 밝은 대낮에는 보석의 아름다움을 잃는다. 음예가 없다면 아름다움은 없을 것이다.[17]

다니자키가 빛보다 어둠을 선호하는 것은 아니다. 어둠은 빛의 아름다움의 일부분이다.

우리가 빛나는 모든 것을 싫어하지는 않지만, 우리는 깊이 없는 광택보다 수심 어린 광채를, 그 빛이 돌에서 나든 인공물에서 나든 고색의 광채를 보여주는 탁한 빛을 더 좋아한다. … 여하튼 우리는 여전히 때, 그을음 그리고 풍화의 흔적을 지닌 물건들을 정말로 사랑하며, 그것들이 만들어진 과거를 떠올리게 하는 색조와 광채를 사랑한다.[18]

이 미학의 특징은 완벽함에 대한 불쾌감이다. 서양 미학의 한 갈래는 아름다운 것을 실체 없는 관념의 결함 있는 구체화로서 생각하지 않을 수 없었다. 플라톤의 신비주의적 시각은 서양 철학자들이 아름다움을 내세의 빛으로 생각하도록 이끌었다. 이와 반대로 다니자키는 "때의 광채"에 대해 쓴다.[19] 진정한 아름다움은 일상생활에서 그리고 자연 세계에서 발견된다.

다니자키는 각양각색의 사랑과 그것이 인간에 대해 드러내는 것에 관심이 있었다. 이 주제에 대한 가장 섬세한 탐구는 1936년에 처음 출판되었고 나중에 영화로 만들어진 그의 소설 『고양이와 쇼조와 두 여자』에 나타난다. 이 소설의 중심인물은 늙어가고 있지만 우아한 릴리라는 삼색 얼룩 고양이다.

이야기는 한 여자가 다른 여자에게 보내는 릴리에 대한 편지로 시작한다. 시나코는 자신의 전남편 쇼조의 새로운 부인 후쿠코에게 고양이를 자기에게 달라고 간청한다.

제가 원하는 것은 딱 한 가지입니다. 물론 그이를 제게 돌려달라는 말은 아닙니다. 그것보다는 훨씬 더 하찮고 사소한 것입니다. 제가 원하는 건 릴리입니다. … 제가 희생한 모든 것을 감안하더라도 제게 작은 고양이 한 마리를 돌려달라는 것이 너무 큰 부탁인가요? 당신에겐 어찌되든 상관없는 작은 동물이겠지만, 저에겐 얼마나 위로가 되는 존재인지! … 엄살 부리는 것처럼 보이고 싶진 않지만 릴리 없이는 너무 외로워서 견딜 수가 없습니다. … 그 고양이를 빼고는 지금 온 세상에서 저를 위로 해줄 이는 아무도 없어요. …

릴리를 포기하려 하지 않는 건 당신이 아니라 그 사람이 겠지요. 네, 틀림없이 그럴 거예요. 그이는 고양이를 아주 좋아하죠. 그는 "당신하고는 헤어져도 괜찮겠지만, 릴리 없인 절대 안 돼!"라고 말하곤 했지요. 저녁을 먹을 때도, 잠을 잘 때도 그는 언제나 저보다 고양이에게 더 큰 관심을 보였답니다. … 정말 조심하세요, 후쿠코 씨. "아, 그깟 고양이쯤이야"라고 생각하지 마세요. 그랬다가는 그 고양이한테 밀려나게 될지도 모릅니다.[20]

이야기는 처음에는 서로 간의 싸움의 무기로 고양이를 이용하는 인간들에 대해 알려준다. 고양이는 가족 갈등에서 인질처럼 보인다. 그런데 그들에게 릴리는 그들 자신이 깨달은 것 이상의 의미를 가진다. 고양이가 시나코에게 가버렸을 때 쇼조는 압도적인 상실감을 느낀다. 그는 몰래 릴리를 보기 위해 시나코의 집에 가기로 결심한다. 전부인의 집 밖 풀숲에 쭈그리고 앉아서 그는 간간이 희미하게 빛나는 식물에 주목한다. "그것이 빛날 때마다 쇼조의 가슴은 두근거렸고, 그것이 릴리의 눈에 비친 빛이길 바랐다. '릴리일까? 그렇다면 정말 좋을 텐데!'" 그의 심장은 더 빨리 뛰었고, 가슴이 철렁 내려앉는 느낌이었다.

이상하게 들릴지 모르지만 쇼조는 다른 사람들과의 관계에서조차 이런 종류의 동요와 조바심을 경험해본 적이 한 번도 없었다. 그가 노닥거릴 수 있었던 모든 카페 여종업원에게도 말이다. 연애에 가장 가까운 경험은 시나코에게 숨기면서 후쿠코를 은밀히 만나던 때였다. … 그렇긴 하지만 … 후쿠코와의 연애에는 언제나 어떤 진지함이 부족했다. 그녀를 보거나 만나고 싶은 욕망이 지금 릴리에 대한 감정만큼 강렬했던 적은 결코 없었다.[21]

쇼조는 집에 늦게 갈 경우 아내와 크게 싸울 것을 염려해 자리를 떠난다. 하지만 그는 릴리를 만나려는 노력을 포기하지 않았다. 다음 날 그는 전부인의 집으로 돌아왔다. 시나코는 자매 하츠코에게 집을 맡긴 채 밖에 나가고 없었다. 하츠코는 릴리가 쉬고 있는 방으로 가는 가파른 계단으로 쇼조를 데리고 갔다. 커튼이 쳐져 있어 방 안이 어두웠지만, 그는 눈을 반쯤 감고 앞발을 몸 아래로 접은 채 방석 더미 위에 앉아 있는 릴리를 알아볼 수 있었다. 릴리의 털에서 나는 윤기가 보살핌을 잘 받고 있다는 걸 보여줬고, 점심을 막 다 먹은 듯 릴리

옆에 약간의 밥과 달걀 껍질이 있었다.

쇼조는 릴리가 안전하게 잘 지낸다는 것이 기뻤다. 고양이 모래통 냄새가 났고, 애정 어린 슬픔이 그를 압도했다. "릴리!" 그는 외쳤다. 고양이는 반응하지 않았다. 그때 "마침내 그의 존재를 알아챈 것처럼 고양이는 흐릿하고 나른하게 눈을 떴고 쇼조를 향해 몹시 쌀쌀맞은 눈빛을 보냈다. 하지만 그 외에 아무런 감정 표현도 없었다. 릴리는 앞발을 몸 아래 더 깊숙이 접어 넣고, 마치 추운 것처럼 등가죽과 귀뿌리를 부르르 떨더니 졸리다는 듯이 다시 눈을 감고 혼자 잠든다."[22]

쇼조가 그를 쓰다듬어봤지만 릴리는 그저 눈을 감은 채 가르랑거렸다. 시나코가 고양이를 진심으로 보살피는 게 틀림없다고 쇼조는 생각했다. 그녀는 이제 가난하지만 그럼에도 불구하고 확실히 릴리를 잘 먹이고 있었다. 릴리의 방석은 시나코의 것보다도 두툼했다. 그때 그는 발소리를 들었고, 시나코가 돌아왔다는 걸 깨달았다. 쇼조는 간신히 그녀를 피해 종종걸음으로 계단을 내려가 길로 뛰쳐나갔다. 이야기는 이렇게 끝난다. "마치 무서운 것에 쫓기기라도 하듯 그는 반대 방향으로 쏜살같이 내달렸다."

릴리는 평생 인간에게 무기로 쓰였을지도 모르지만, 그는 넷 중에서 사랑받은 유일한 존재였다. 쇼조와 그의 전부인은

릴리를 서로보다 더 좋아했고, 어쩌면 어떤 인간보다도 더 좋
아했을 것이다. 그들 각각이 고양이에 대해 느낀 사랑이 서로
에 대한 그들의 책략을 능가한다. 어쩌면 이 사랑은 인간 사
이에 존재하는 많은 사랑, 예컨대 불행으로부터의 도피와 비
슷할지도 모른다. 아니면 그것은 애정과 감탄이 섞인, 고양이
자체에 대한 사랑이었을 수도 있다. 릴리가 생전에 인간에 대
해 어떻게 느꼈을지는 알 수 없다. 이야기가 끝날 무렵에 그
는 나이가 들어, 무엇보다도 자고 싶어 한다. 그는 아마 자신
이 죽음에 다가가고 있다고 느꼈을 것이다. 그러나 릴리는 여
전히 그 방의 빛이고, 그의 정신의 빛나는 프리즘에서 인간들
은 흐릿한 형상이다.

가티노가 사라지다

메리 겟스킬의 매우 아름다운 글, 「잃어버린 고양이Lost
Cat」에서는 인간과 고양이 간의 색다른 사랑이 묘사된다.[23]
겟스킬의 글은 이 장에서 서술한 다른 이야기들과 다르다. 그
것은 1장의 잭 로렌스의 메이오에 대한 이야기처럼 실제 고
양이 한 마리의 삶과 죽음에 대한 회고록이다.

1954년에 태어난 겟스킬은 1988년에 출판된 단편소설집

『나쁜 행실Bad Behavior』로 문단의 유명 인사가 되었다. 그녀는 수년간 개인적으로 또 재정적으로 어려움을 겪었다. 그녀는 10대에 기숙학교에서 퇴학당했고, 부모에 의해 정신병원에 수용됐다가 그곳에서 도망쳤다. 젊었을 때 그녀는 꽃 판매원, 스트리퍼, 서점 점원, 야간 교정원校正員, 자유계약 사실조사원fact-checker 및 다른 임시직으로 일했다.

한때 그녀는 유명한 뉴욕 S&M 클럽 위에 있는 값싼 집을 전대해 살았으며, 그녀의 많은 이야기는 고통과 굴욕에 대한 인간의 욕망을 다룬다. 그중 하나는 영화 〈세크리터리Secre-tary〉(2002)로 제작되어 성공을 거두었다. 비록 겟스킬은 이 영화가 "너무 귀엽고 서투르다"고 느꼈지만 말이다.[24] 이후 중편소설 『이것이 쾌락이다』(2019)[25]에서 그녀는 여성에게서 고통과 처벌에 대한 욕망을 일깨우기를 즐기는 멋쟁이 책 편집자가 자신이 고용한 여성에게 성폭행 혐의로 고발당해 어떻게 직업적으로 파멸하는지 이야기한다.

겟스킬의 작품에서 반복되는 주제는 인간적 사랑의 모순성이다. 인간은 사랑에서 지루함의 해소, 애정이나 집착의 대상이 됨으로써 얻는 위로, 자기 자신과 다른 사람에게 권력을 행사하고 고통을 줄 기회 그리고 자기 파괴에서 생겨날 수 있는 흥분을 기대한다. 인간과 동물 간의 사랑에는 이런 흠이 없고, 그래서 그 사랑을 잃는 것은 순전히 인간적인 사랑의 끝보다 더 충격적일지도 모른다.

「잃어버린 고양이」에서 겟스킬은 자신이 7개월밖에 안 된 고양이를 어떻게 잃어버렸는지 이야기한다. 그녀가 그 고양이를 발견한 것은 투스카니에 있는 자신의 사유지를 작가 휴양지로 바꾼 한 문단의 귀족을 방문했을 때였다. 농가 근처의 뜰에 있던 세 마리의 마른 새끼 고양이 중에서 다른 두 고양이보다 더 아파 보였던 한 고양이가 비틀거리면서 메리에게 다가왔다. 그의 눈꺼풀은 점액으로 거의 붙은 듯이 감겨 있었다. 그는 까만 줄무늬의 연회색 얼룩 고양이었고 "긴 턱과 연필 끝에 달린 지우개 모양의 큰 코를 갖고 있었다. 큰 코가 자리한 머리는 올챙이배의 여윈 몸 위에서 고블린 같았고, 긴 다리는 거의 기괴할 정도였다. 항문은 그의 빈약한 엉덩이에 어울리지 않게 커 보였다. 그는 멍하니 내가 그의 앙상한 등을 쓰다듬게 놔두었고, 망설이면서 가련한 꼬리를 들어 올렸다."[26] 메리는 나중에 그를 이렇게 기억했다. "등을 동그랗게 구부리고는 두렵지만 신난 얼굴을 하고, 뛰어오르고 달릴 준비가 넘치게 되어 있었으며, 꼬리는 도전적이고 팽팽하고 구부러져 있었다. … 비록 굶주려서 약할지라도 이 고양이는 배짱이 있었다."[27]

그는 한쪽 눈만 반쯤 보였고, 메리는 그를 찬스Chance라고 불렀다. "나는 모든 새끼 고양이를 좋아했으므로 찬스를 좋아했다. 그는 나를 먹이를 주는 사람으로 좋아했다. 그는 나를 세상의 또 하나의 생물인 듯 무심하게 바라봤다."[28] 얼마간의 시간이 흐른 뒤 찬스는 메리가 방에 들어오면 머리를 들고 열중해서 그녀를 바라보기 시작했다. "나는 그 시선이 뭘 의미했던 것인지 확실히 말할 수 없다. 나는 동물이 어떻게 생각하는지 또는 느끼는지 모른다. 하지만 그는 나를 사랑스러운 눈빛으로 바라보는 것 같았다. 그는 내 아파트에서 나를 졸졸 따라다녔다. 내가 책상에서 일할 때 그는 내 무릎에 앉아 있었다. 그는 침대로 와서 나와 함께 잤다. 그는 내 손가락을 부드럽게 깨물면서 안심하고 잠들었다. 내가 그를 쓰다듬으면 그의 몸은 내 손 안으로 파고들었다. 내 얼굴이 가까이에 있으면 그는 발을 뻗어 내 볼을 쓰다듬곤 했다."[29]

메리의 남편은 찬스라는 이름을 좋아하지 않았고 메리도 그 이름에 대한 확신이 없었기 때문에 그 대신에 그들은 그 새끼 고양이를 맥페이트McFate라고 불렀다. 맥페이트는 기운을 차렸고, 그는 "외눈 고양이의 멋짐rakishness을, 귀에는 적극적이고 전진하는 기질을, 그리고 연약한 몸에는 당당한 목의 자세를 지니게 되었다. 그는 살이 붙었고, 긴 다리와 꼬리는 기괴하지 않고 우아해졌다. 그의 목에는 눈에 띄는 목걸이 무늬가 있었다. 그가 자신을 쓰다듬으라고 등을 대고 뒹굴 때, 그의 배는 엷은 다갈색이었고 오실롯ocelot의 배처럼 얼룩무늬가 있었다. 자신감이 넘치는 그는 주트 슈트zoot suit를 입은 작은 악한 같았다." 그렇지만 그는 여전히 연약했고 맥페이트라는 이름은 "그렇게 작고 덧없는 동물에게 너무 거창하고 비정한 이름"이었기 때문에 메리는 그를 가티노Gattino라고 부르기로 했다.[30] 메리는 남편에게 가티노를 데리고 미국으로 돌아가고 싶다고 말했다. 그녀가 많은 사람이 그럴 거라고 생각했던 대로 그는 어리둥절해했다. 그들은 "내 감정을 신경과민이라고, 나 자신의 욕망을 동물에 투영한 거라고 여겼을 것이다."[31]

가티노를 집으로 데리고 가기로 결심했을 때, 그녀는 동물을 고통 받는 인간보다 더 사랑하는 것이 잘못된 일인지 자문했다. 그녀는 자신이 진행했던 도시의 가난한 흑인 가정을 위한 프로그램에서 만난 어린이들과, 치료를 거부한 뒤 암으로 고통스러운 죽음을 맞았던 아버지를 포함하여 인간들을 사랑했었다. 그러나 이런 사랑은 복잡했고 좌절감을 줬다.

인간의 사랑에는 심각한 결점이 있고, 결점이 없는 경우에도 사람들은 언제나 사랑을 오해하고 거부하고 이용하거나 조종한다. 사람들은 자주 고통을 선택하기 때문에 당신이 사랑하는 사람을 고통으로부터 보호하기란 어렵다. 나도 자주 고통을 선택하는 사람이다. 동물은 결코 고통을 선택하지 않을 것이다. 동물은 아주 어린 인간보다도 훨씬 더 쉽게 사랑을 받아들일 수 있기 때문이다. 그래서 나는 새끼 고양이를 사랑으로 보호할 수 있어야 한다고 생각했다.[32]

메리는 그 귀족의 사유지 근처를 걸을 때면 아버지를 생각하곤 했다. 걷는 동안 그녀는 아버지의 소유였던 커다란 구슬을 가지고 다녔다. 실제로 가능하다고 믿진 않았지만 그녀는 혹시 아버지의 영혼의 일부가 가티노로 다시 태어난 건 아닌지 궁금했다. 어느 날 밤 새끼 고양이가 그녀의 무릎에 누워서 가르랑거리고 있을 때, 메리는 찬장 밑의 바닥에서 하늘색 구슬이 굴러 나오는 것을 보았다. "그것은 아름답고 빛났으며, 나에게는 보이지 않는 어떤 것이 그것을 움직였다. 그것은 이 다정한 작은 고양이의 존재처럼 마법 같은 관용의 징조 같았다." 그녀는 그 구슬을 아버지의 구슬 옆에 올려놓았다.[33]

메리는 반려동물 여권을 받기 위한 절차의 하나로 가티노를 수의사에게 데리고 갔다. 수의사는 가티노를 커다란 개 근처에 있는 우리에 넣었고, 그 개는 고양이에게 으르렁거리며 짖었다. 처음에 가티노는 작은 침대 뒤에 숨는가 싶더니 곧이어 도전적으로 개를 마주했다. "나는 다가오는 것의 크기나 흉포함과 관계없이 무엇이든 기꺼이 만나려는, 두렵지만 준비되었다는 표현을 그때 처음 보았다."[34] 대서양을 건너 집으로 돌아가는 긴 여정을 가티노도 함께했고, "그는 이동장 안에서 대담하게 밖을 응시했다. 그리고 가티노는 대담했다. 전날 밤 이후로 먹은 것이 거의 아무것도 없었지만, 그는 차에서나 비행기에서나 울지 않았다. 그는 참을성 있게 적응했고, 자신 있게 머리를 들어 올린 채 차분하게 나를 바라보면서 날씬한 앞발을 당당하게 앞으로 뻗었다. … 내가 그렇게 하도록 놔두었더라면 그는 꼬리를 세우고 통로 이쪽저쪽을 돌아다녔을 것이다."[35]

미국에 도착하자마자 가티노는 집에 있는 다른 고양이들을 소개받았다. 그는 예의 바른 태도로 그들에게 다가갔고 잘 적응했다. 가족은 새로운 집으로 거처를 옮겼다. 집주인이 곳곳에 쓰레기를 남겨둔, 난로는 부서지고 쥐 둥지가 가득한 곳이었다. 일이 잘못되기 시작했다. 메리는 여권을 잃어버렸고, 남편은 메리가 줬던 목걸이를 잃어버렸다. 그녀는 이탈리아에서 발견했던 하늘색 구슬도 잃어버렸다. 하지만 가티노는 새 집을 아주 좋아했다. 그는 뜰에서 다른 고양이들과 놀았고, 길가로 나가는 데는 관심을 보이지 않았다 — 메리는 그가 만약 그런다고 하더라도 길을 가로질러 들판이 있으니 금방 돌아올 거라고 생각했다.

이때 가티노가 사라졌다. 메리는 몇 시간 후 집으로 돌아와서 그를 찾으려고 어둠 속에서 구석구석을 살폈다. 이 시점에 그녀의 머릿속에 처음 떠오른 몇 마디는 "나 무서워"였다. 그녀는 가티노가 자신과 파장을 맞추고 있다고 느꼈다. 그녀는 "걱정 마. 거기 있어. 내가 널 찾을게"라고 대답하고 싶었다. 하지만 그 대신 "나도 무서워. 네가 어디에 있는지 모르겠어"라고 생각했다. 그녀는 자신의 두려움을 감지하고 가티노가 더 길을 잃은 느낌을 받을까 봐 걱정됐지만 어쩔 수 없었다. 그녀는 전단을 붙이고 이메일을 보냈고, 근처 대학교의 경비원에게 알렸다. 3일 밤이 지나고, "나 외로워"라는 다른 생각이 떠올랐다. 5일째가 되던 밤에 작고 마른 외눈 고양이가 쓰레기통에서 먹이를 찾는 걸 봤다는 경비원의 전화가 왔다. 그 전화는 전화기가 꺼져 있던 새벽 두 시에 걸려 왔다. 메리와 가족들은 그 소식을 듣지 못했다.

그때 메리는 친구가 추천했던 영매를 만나기로 결심했다.

영매는 가티노가 곤경에 처했고 죽어가고 있다고 말했다. 그녀는 가티노가 있을 만한 장소를 설명했고, 메리는 그곳에 가서 며칠 밤낮을 찾았다. 어느 날 밤의 끝에 그녀가 막 잠들려고 할 때 다시 이런 말이 마음속에 떠올랐다. "난 죽어가고 있어, 그럼 안녕."[36]

메리는 일어나서 수면제를 먹었다. 두 시간 후에 그녀는 눈물을 흘리면서 깨어났다. 그녀는 자문했다.

어떤 … 죽음은 비극적이고 어떤 죽음은 비극적이지 않다고 누가 결정하는가? 중대한 것과 사소한 것을 누가 결정하는가? 수의 문제인가 아니면 물리적 질량이나 지능의 문제인가? 만약 당신이 고통 속에서 홀로 죽어가고 있는 작은 동물 또는 인간이라면 당신은 당신이 작다는 걸 기억하거나 알지 못할 수도 있다. 당신이 몹시 고통스럽다면, 당신은 당신이 누구인지 또는 무엇인지를 기억할 수 없을지도 모른다. 당신은 오직 당신의 엄청난 고통만을 알 것이다. … 무엇이 결정하는가 — 상식이? 상식이 그런 것을 지시할 수 있는가?[37]

가티노가 죽고 1년이 지나서도 메리는 여전히 그를 찾고 있었다. 가티노를 찾는 동안 인간에 대한 그녀의 감정은 변했다. 그가 보호소에 들어왔는지 확인하기 위해 보호소로 차를 몰면서 그녀는 라디오로 이라크에서 미국 용병이 어떻게 차에서 내리던 의대생을 쏘아 죽였고, 다음엔 차에서 뛰어나와 아들을 붙잡는 그의 어머니를 죽였는지에 대한 이야기를 들었다. 예전엔 그런 이야기를 들었을 때 아무것도 느껴지지 않았다. 이제 그런 이야기는 그녀의 마음을 찢어발겼다. "이런 일이 일어난 것은 고양이를 잃었기 때문이다. 가티노가 대단히 왜소하다는 것과 객관적인 결과가 없다는 것이 가슴을 찢어발겼던 것이다."[38]

그녀의 정신도 괴로웠다. 그녀는 가티노가 아마 독성 물질을 먹고 신장병으로 죽었을 거라고 말했던 다른 영매를 방문했고, 가티노가 잠자는 것처럼 몸을 말고 고통 없이 죽었다고 말했던 또 다른 영매에게 전화했다. 그녀는 또 한 차례 전단을 붙였고, 거의 그 즉시 작은 외눈 고양이를 봤다는 전화를 받았다. "말수가 적고 나이 든" 다른 경비원이 그녀에게 세 달 전에 가티노를 봤지만 그 이후로는 보지 못했다고 말했다. 그는 "요즘에는 고양이를 많이 보지 못했어요"라고 덧붙였다. "그래도 제가 본 걸 말씀드릴게요. 밤늦게 캠퍼스 곳곳에 커다란 스라소니가 있어요. 또 코요테도 많아요." 그의 말이

의미하는 것은 명확했다. 메리는 그것이 적어도 동물이 이해할 수 있는 죽음이었을 거라고 생각했다.[39] 하지만 그녀는 가티노가 여전히 거기 있다고 느꼈다. 그녀는 몇 달 동안 가티노에 대한 꿈을 꿨다. 꿈에서 그녀는 뜰에 있는 가티노를 불렀고, 그는 실제로 그랬던 것처럼 다가오곤 했다. 그는 "꼬리를 세운 채 달려와 있는 힘껏 가볍게 뛰어올라 마침내 내 무릎에 이르렀다."[40]

아버지가 죽어가고 있을 때 메리는 그에게 질문했다. "'아빠, 아빠가 겪었던 일을 얘기해주세요. 그게 어땠는지 말해줘요'라고 나는 말했다." 아버지가 자신의 말을 들었다고는 생각하지 않았지만, 밤늦게 가티노를 찾으러 나와서 주변에 아무도 없었을 때 그녀는 대답의 일부를 들었다고 느꼈다. "그때 갑자기 내 고양이를 잃은 것이 사실 내 질문에 대한 답을 얻을 수 있는 자비로운 방식이라는 생각이 들었다."[41] 그녀는 그런 생각이 주술적 사고의 결과일 수도 있다는 걸 알았지만 이를 확신하진 않았다. 인간의 삶에서 무엇이 사실이고 무엇이 상상인지 결정하기란 어렵다.

만약 누군가가 내 몸에 똥을 바르고 뜰에서 구르라고 말했다면, 그 사람이 고양이 전문가고, 그가 맞다고, 그렇게 하면 내 고양이가 돌아올 수 있다고 설득했다면 나는 아마 그렇게 했을 것이다. 나는 이 한심한 감성을 "주술적 사고"라고 여기지 않았다. 나는 그것이 다른 종류의 사고와 아주 다르다고 생각하지 않았다. 그보다는 내가 알고 있던 가시적인 사물의 질서를 받아들일 수 없게 된 것에 가까웠는데 — 사실 무의미해졌다 — 왜냐하면 그 질서가 내 무질서한 정신의 요구와 너무 극심하게 불화했기 때문이었다. 나에게는 다른 종류의 질서가 보이기 시작했고, 이전에 알고 있었던 것의 부서진 질서를 고통스럽게 짜 맞췄다. 나는 이 꿰어 맞춘 현실이 완전히 환상에 불과한, 절망적인 의지의 활동이었는지 아니면 사실적인 것, 내가 손쉽게 볼 수 있는 것보다 거대한 어떤 것에 대한 서투르고 부분적인 해석이었는지 여전히 알지 못한다.[42]

메리가 가티노를 찾을 수 있다는 희망을 포기해가던 무렵에 그녀는 한 대학에서 낭독회를 하기 위해 몬태나로 갔다. 강이 내려다보이는 호텔 방에서 그녀는 어느 날 목줄을 풀어주자 강에 뛰어드는 개를 보았다. "그 개는 환희에 차서 다리를 쭉 뻗었다." 그녀는 미소를 지으며 "가티노"라고 생각했다. 설령 그가 죽었다 할지라도 그는 그 쭉 뻗은 환희에 찬 도약 속에 있었다. "이 생각이 환상이고 자기기만이라는 데는 의심의 여지가 없었다. 하지만 그 개는 그렇지 않았다. 그 개는 진짜였고, 가티노도 그랬다."[43]

가티노가 여전히 세상에 존재하는지 아닌지는 별로 중요하지 않다. 중요한 것은 가티노가 존재했다는 사실과 그가 했던 일이다. 메리의 고양이에 대한 애착은 그녀가 인간에게 가졌던 어떤 애착과도 달랐다. 인간의 사랑에서 작동하는 회한과 후회, 허영심과 잔인함이 얽힌 감정은 없었다. 가티노에 대한 기억은 그녀의 아버지에 대한, 그녀가 주최했던 프로그램에서 만난 아이들과 총에 맞은 이라크의 의대생에 대한 감정을 바꿨다. 인간 세계 너머에서 온 사랑은 그녀가 알고 지냈던 인간들에 대한 사랑을 풀어주었다.

인간들 사이에서는 사랑과 증오가 자주 섞인다. 우리는 다른 사람을 깊이 사랑하는 동시에 원망할 수도 있다. 우리가 다른 인간들에게 느끼는 사랑이 혐오로 변할 수도 있고 부담이나 우리의 자유에 대한 속박으로 느껴질 수도 있는 반면, 그들이 우리에게 느끼는 사랑이 거짓이고 신뢰할 수 없는 것으로 보일 수도 있다. 우리가 이런 의심에도 불구하고 그들을 계속 사랑한다면, 우리는 스스로를 증오하게 될 수도 있다.

동물들이 우리에게 느낄지도 모르는 사랑과 우리가 그들에게 느끼는 사랑은 이런 식으로 왜곡되지 않는다.

가티노를 잃은 것은 메리에게 거의 견딜 수 없을 만큼 힘든 일이었다. 그렇지만 그의 삶은 인간의 삶이 슬플 수 있는 방식으로 슬프지 않았다. 겟스킬은 이렇게 쓴다.

> 인간이 되는 것은 결국 패배자가 되는 것이다. 우리는 모두 정성 들여 구축한 자아감sense of self, 우리의 체력, 우리의 건강, 우리의 고귀한 존엄성 그리고 마지막으로 우리의 삶을 상실할 운명이기 때문이다.[44]

가티노는 우연히 살고 죽었지만 패배자는 아니었다. 짧고 용감하며 비극적이지 않았던 삶에서 그는 메리에게 어떤 인간도 줄 수 없었던 것을 주었다. 잠시 동안 그녀는 더 이상 쾌락과 고통의 법칙에 지배받지 않았다. 그녀는 더 이상 자기가 사랑했던 사람들 ― 또는 그들을 사랑하는 자신 ― 을 증오하지 않았다. 아주 작은 외눈의, 겉보기에 하찮은 동물이 그녀의 세상을 부수고 새롭게 만들었다. 아마도 가티노는 결국 마법 같은 동물이었을 것이다.

5

시간, 죽음 그리고 고양이의 영혼

무리의 작별 인사

러시아의 종교철학자 니콜라이 베르댜예프는 자서전의 거의 끝부분에서 파란만장한 삶에서 가장 심오한 경험 중 하나에 대해 쓴다.

파리 해방 직후에 우리는 사랑하는 무리Muri를 잃었다. 그는 고통스러운 질병을 앓다가 죽었다. 죽기 전 그의 고통은 나에게 모든 피조물의 고통이자 고역이었다. 나는 그를 통해 모든 피조물과 결속됐고 그들의 구원을 기다렸다. 죽기 전날 무리가 리디아(그녀는 이미 심하게 아팠다)의 방으로 힘겹게 가서 침대로 뛰어오르는 모습을 보는 건 몹시 가슴 아픈 일이었다. 그는 작별 인사를 하러 온 것이었다. 나는 거의 울지 않지만 ― 이것이 이상하거나 웃기거나 사소하게 들릴지도 모르겠다 ― 무리가 죽었을 때 나는 통곡했다. 사람들은 "영혼의 불멸성"에 대해 추측하지만, 나는 무리를 위해서 영원불멸의 삶을 요구하고 있었다. 나는 그와 함께하는 영원한 삶을 결코 가질 수 없었을 것이다. 몇 달 뒤에 나는 리디아를 잃어야 했다. … 나는 죽음과 인간 존재의 비극적 결말과 화해할 수 없다. … 삶이 우리가 사랑하는 모든 것을 삶 자체에 돌려주지 않는다면 삶은 있을 수 없다.[1]

당신은 앞의 300쪽을 읽었을 때에만 무리가 베르댜예프의 고양이라는 것을 알아차릴 수 있다. 이 철학자가 무리의 죽음에 대해 그토록 큰 슬픔을 느꼈다는 것이 이상해 보일지도 모른다. 하지만 베르댜예프는 평범한 철학자가 아니다. 그때나 지금이나 대다수의 철학자와 다른 그는 겉보기에 영원해 보이는 인간의 세계가 죽어 없어지는 것을 본 적이 있었다.

우크라이나가 러시아제국의 일부였던 1874년에 키예프에서 태어난 베르댜예프는 귀족 가문에서 고독한 아이로 자랐다. 자유사상가였던 그의 아버지는 종교에 회의적이었다. 러시아 정교회 출신인 그의 어머니는 기성 교회에 비판적이었고 가톨릭교로 기울었다. 일평생 베르댜예프는 자신의 생각의 자유를 제한하려는 모든 시도에 저항했다. 그는 가족의 전통에 따라 사관학교에 다녔지만, 곧 키예프대학에서 철학을 공부하기 위해 떠났다. 당시에 많은 사람이 그랬듯이 그는 맑스주의자가 되었고, 1898년에 시위에서 체포되어 대학에서 퇴학당했다. 계속해서 불법 반체제 언론에서 일했던 그는 다시 체포됐고 볼로그다Vologda에서 3년간의 유형을 선고받았다. 그곳의 상황은 전제군주제에 저항했던 사람들이 겪었던 것에 비하면 평온했고, 레닌과 스탈린이 세우게 될 수용소와는 비교할 수 없을 정도로 덜 가혹했다.

키예프로 돌아온 베르댜예프는 시인 리디아 트루셰프Lydia Trusheff를 만나 결혼해 그녀와 남은 생애를 함께했고, 둘은 상트페테르부르크로 이주했다. 더 이상 맑스주의에는 끌리지 않았지만 여전히 반체제 인사였던 그는 제1차 세계대전과 러시아혁명으로 이어지는 몇 년 동안 도시의 지적 생활에 빠져들었다. 이제 명백한 종교사상가로서 그는 공식 교리에서 벗어난 수도자를 처벌하는 정교회의 주교회의를 공격하는 기사를 실었다. 그는 신성모독 혐의로 체포되어 시베리아에서의 종신형을 선고받았지만, 볼셰비키 정권이 권력을 잡아서 형벌은 집행되지 않았다.

베르댜예프는 곧 새로운 정권과 충돌했다. 그는 강의와 글쓰기를 허가받고 1920년에 모스크바대학의 철학 교수로 임명되었지만, 얼마 지나지 않아 음모 혐의로 체포되어 투옥되었다. 레닌의 비밀경찰의 악명 높은 수장이었던 펠릭스 제르진스키Felix Dzerzhinsky가 그를 심문하기 위해 감방을 방문했고, 그것은 볼셰비즘에 대한 격렬한 대화로 이어졌다. 1922년 9월에 베르댜예프는 소련에서 추방되었다.

그는 다른 유명한 러시아 지식인들 — 예술가, 학자, 과학자와 작가 — 과 함께 "철학자의 증기선"으로 알려진 배를 타고 떠났다 — 사실 볼셰비키 정부가 잠재적으로 골칫거리인 지식인들과 그들의 가족을 독일로 보내려고 두 선박을 용선한 것이었다. 다른 사람들은 기차로 라트비아의 리가로 보내지거나 배로 오데사에서 이스탄불로 보내졌다. 지식인들을 강제 추방하는 계획은 레닌 자신이 고안한 것으로 보인다.[2]

독일에 도착한 후 베르댜예프와 그의 아내는 처음에는 베를린, 다음에는 그들이 여생을 보낸 파리로 이주했다. 그는 다작하는 작가였고 다른 러시아인 망명자 및 프랑스 지식인 집단과 많은 대화를 나눴다. 나치 점령기에도 그는 계속 글을 썼고, 전쟁이 끝난 후에 책을 출판했다. 그는 1948년에 파리에서 멀지 않은 클라마르Clamart의 자기 집 책상에서 죽었다.

베르댜예프를 사로잡았던 가장 중요한 질문은 시간, 죽음 그리고 영원과 관련된 것이었다. 그는 이렇게 썼다.

> 인간의 삶의 변함없이 계속되는 타락과 덧없음, 그리고 모든 죽음, 모든 이별, 모든 배신, 모든 격정에 의해 인간에게 가해지는 치명상을 고려할 때, 사람들이 어떻게 인간 발전의 점진성, 인간 본성의 안정성, 진리에 대한 이성적 호소, 선에 대한 객관적 기준 그리고 다른 모든 신성한 환상에 의존할 수 있는지가 나는 항상 놀라웠다.[3]

베르댜예프는 만약 죽음이 끝이라면 삶은 의미가 없다고 믿었다. 삶은 삶을 초월하는 의미를 위한 투쟁이고, 그것이 삶을 공허함에서 구제할 수 있었다. 베르댜예프의 특이한 점은 그가 사랑하는 고양이를 이 투쟁에 포함시켰다는 점이다.

무리가 그러한 추구에 자신이 참여하고 있다고 봤는지는 의심스럽다. 고양이에게는 죽음이 삶의 이야기의 끝이라는 인간적인 공포가 없으므로 이야기가 계속되는 다른 삶이 필요하지 않다. 그렇지만 무리가 함께 살아온 인간들을 떠나게

될 것을 감지했다는 베르댜예프의 직관은 충분히 근거 있는
것일 수 있다. 고양이는 자신의 삶이 언제 끝나는지 알고 있
다. 도리스 레싱이 발견한 것처럼 그들은 또한 자신의 최후를
반길지도 모른다.

레싱은 자신의 검은 고양이가 심하게 아팠을 때 어떻게 반
응했는지를 설명하면서 이렇게 썼다.

그의 턱과 입을 뒤덮은 하얗고 끈적거리는 거품은 쉽게
닦아낼 수 없었다. 나는 그것을 물로 씻어냈다. 그는 다
시 구석으로 가서 웅크리고 앉아 앞만 보았다. 그가 앉아
있는 모습은 불길했다. 움직이지 않고 끈기 있게 견디며
자지 않았다. 그는 기다리고 있었다. … 고양이들은 죽기
로 결정한다. 그들은 혈액의 열기 때문에 어딘가 시원한
장소로 기어들어가서 몸을 웅크리고 죽음을 기다린다.
[고양이 병원에서 하룻밤을 보낸 뒤에] 내가 검은 고양이를
집에 데려왔을 때 그는 수척한 모습으로 느릿느릿 정원
으로 걸어갔다. 초가을이었고 추웠다. 그는 끈기 있게 기
다리던 전날 밤의 자세로 냉기가 도는 정원 담장에 기대
어 차가운 땅 위에 웅크리고 앉았다.
나는 그를 데리고 들어와서 라디에이터와 너무 가깝지

않은 담요 위에 올려주었다. 그는 다시 정원으로 돌아갔다. 똑같이 지독하게 끈기 있는 자세로.

나는 그를 다시 데리고 들어왔고 문을 잠갔다. 그는 문으로 기어가서 코를 문 쪽으로 향한 채 자리를 잡고 앉아서 죽음을 기다렸다.[4]

레싱은 고양이를 실내에 있게 했고, 그후 몇 주 동안 그를 매일 매시간 보살폈다. 고양이는 회복되었고 몇 달 후에는 원래대로 "윤이 나고 반들반들하고 깨끗하고 가르랑거리는" 고양이가 되었다. 그는 자신이 아팠다는 걸 잊어버렸지만 그의 마음속 어딘가에는 병원 진찰실에 대한 기억이 남아 있었고, 귀의 염증을 치료하기 위해 다시 병원에 데려갔을 때 그는 몇 시간 동안 몸을 떨다가 얼어붙었다.

레싱은 고양이에게 자신이 했던 행동, "그의 의지에 반하여 그를 회생시켜" 힘들게 한 것에 대해 일말의 죄책감을 느꼈던 것 같다. 레싱은 그 고양이가 "평범한 본능을 가진 평범한 고양이"였다고 결론짓는다.[5]

죽음 부정으로서의 문명

내세라는 관념은 인간과 함께 생겨났다. 약 11만 5000년 전에는 동물 뼈, 꽃, 약초와 아이벡스의 뿔과 같은 가치 있는 물건들이 들어 있는 무덤이 만들어지고 있었다. 3만 5000-4만년 전까지는 세계 전역의 무덤 안에 완전한 생존 장비 — 음식, 옷, 도구 — 가 놓였다.[6] 인류는 죽음으로 정의되는 동물이다.

인간이 점점 더 자기를 의식하게 됨에 따라 죽음의 부정은 더 집요해졌다. 미국의 문화인류학자이자 정신분석학자인 어니스트 베커Ernest Becker(1924-1974)는 인간의 죽음으로부터의 도피가 문명의 원동력이라고 보았다. 죽음의 공포는 자아의 원천이기도 하다. 자아는 인간이 시간을 거쳐 종말로 향하는 자신에 대한 무력한 인식으로부터 스스로를 보호하기 위해 만든 것이다.

베커는 삶에서 대다수의 사람보다 더 많은 죽음과 마주쳤다. 그는 18세에 입대했고 나치의 절멸 수용소를 해방시킨 보병 대대에서 복무했다. 1973년 12월에 병원에서 암으로 죽어가고 있을 때, 그는 자신을 방문한 철학자 샘 킨Sam Keen에게 이렇게 말했다. "당신은 죽음에 임하는in extremis 저를 목격하고 있습니다. 이것은 제가 죽음에 대해 썼던 모든 것의 검증입니다. 제가 누군가가 어떻게 죽는지를 보여줄 기회를 얻은 겁니다."[7] 베커의 이론은 『죽음의 부정』(1973)에서 제시되었고, 그는 이 책으로 사후 1974년에 퓰리처상을 받았다. 그의 이론은 그가 죽은 지 2년 뒤에 발간된 『악으로부터의 도피』에서 한층 더 발전되었다.

인간이 벗어나려고 노력하는 상태의 모든 양상 중에서 죽음이 가장 위협적이다. 대부분은 자신의 비존재에 대한 생각을 견딜 수 없고, 그것을 잊으려고 노력하면 할수록 더 집착하게 된다. 제의가 그들이 이 고통을 잊는 것을 가능하게 할 수도 있는데, 왜냐하면 그것이 단지 마음뿐만이 아니라 전체 유기체가 관여하는 실천이기 때문이다. 불안에서 벗어나는 방법은 베커가 "신화·제의 콤플렉스"라고 부르는 것을 통해서이다. 그는 다음과 같이 쓴다.

신화·제의 콤플렉스는 강박을 풀기 위한 사회적 형식이다. … 그것은 사람들이 자기 얼굴 앞의 코에 계속 집중하게 함으로써 자동적으로 안전을 꾀하고 절망을 없앤다. 능동적 유기체에게 절망을 물리치는 것은 주로 지적인 문제가 아니라 운동을 통한 자기 자극의 문제다. 주어진 지점을 넘어서면 더 "아는" 것은 인간에게 도움이 되지 않지만, 부분적으로 자기를 잊는self-forgetful 방식으로 행동하고 살아가는 것만은 도움이 된다. … 신경증은 전통 사회의 소멸로 인해 이제는 사라진 사회적으로 합의된 강박적 제의를 어떻게든 사적인 강박적 제의로 대체하려는 것이다. 전통 사회의 관습과 신화는 삶의 의미에 대한 모든 해석을 개인에게 이미 주어져 있는 것으로 제공했다. 그러므로 개인이 해야 할 일은 그것을 참으로 받아들여 살아내는 것뿐이었다. 현대의 신경증 환자가 "치료"되기 위해서는 바로 이 일을 해야 한다. 살아 있는 환상을 기꺼이 받아들여야만 하는 것이다.[8]

여기서 베커는 집단적 제의가 인간을 죽음에 대한 생각으로부터 구제하는 전통 사회와, 개인이 스스로 자신의 불안을 처리하기를 기대하는 현대사회를 구분한다. 현대사회의 현실은 반복해서 노골적인 광기에 빠져드는 대규모의 집단 신경증이다. 신경증은 병의 증상이라기보다는 자가 치료의 시도다. 현대의 전체주의 운동은 이런 종류의 시도였다. 그렇지만 인간은 자신이 되어버린 그런 종류의 인간 — 집단적 귀속이라는 피난처로 도망가는 그 순간에도 홀로 남아 있는 외톨이 —

인 것을 스스로 치유할 수 없다.

추론은 현대의 신경증을 더 악화시킨다.

현대의 정신이 자랑하는 특징은 바로 광기다. 광인만
큼 논리적이고 원인과 결과의 세부 사항에 관심을 가지
는 사람은 없다. 광인들은 우리가 아는 가장 위대한 추론
가들이고, 그런 특성은 그들의 실패의 원인에 속하는 것
중 하나다. 그들의 삶에 필수적인 모든 과정이 정신 속으
로 쪼그라든다. 제정신인 사람에겐 있지만 그들에겐 없
는 한 가지는 무엇인가? 그것은 개의치 않는 능력, 상황
을 무시하는 능력, 긴장을 풀고 세상을 비웃는 능력이다.
그들은 편히 쉴 수 없고, 파스칼이 그랬던 것처럼 상상의
내기에 자신의 전 존재를 걸 수 없다. 그들은 종교가 언
제나 요구했던 일, 즉 터무니없어 보이는 자기 삶의 정당
화를 믿는 일을 할 수 없다.[9]

인간은 죽음에서 벗어나는 느낌을 받기 위해 권력을 좇고, 베
커에 따르면 인간의 사악함도 같은 충동에서 나온다. 잔인한
행위는 죽음에 대한 생각을 멀리하는 데 도움이 된다.

사디즘은 자연스럽게 죽음에 대한 공포를 흡수한다. …
왜냐하면 우리는 적극적으로 조작하고 증오함으로써 우
리의 유기체를 외부 세계에 흡수된 상태로 유지하기 때
문이다. 이것은 자기 성찰과 죽음의 공포를 긴장도가 낮
은 상태로 유지하는 것이다. 우리는 타자의 운명이 우리
수중에 있을 때 삶과 죽음을 제어할 수 있다고 느낀다.
우리가 계속 총을 쏠 수 있는 한, 우리는 죽임을 당하는
것보다 죽이는 것에 대해 더 많이 생각한다. 또는 현명한
악한이 언젠가 영화에서 말했던 것처럼 "살인자는 살인
을 멈추면 살해당한다".[10]

베커가 말한 것처럼 많은 현대의 이데올로기는 불멸성 숭배
였다. 러시아 볼셰비즘은 불멸성의 정복을 혁명의 최고 목표
로 삼은 강력한 흐름을 포함했고, 레닌이 방부 처리됐을 때
일부 측근의 목표는 과학의 진보로 그를 소생시킬 수 있는
수단이 개발되면 그를 부활시키는 것이었다.[11] 과학을 통해
죽음을 물리치려는 기획은 서구에서 기술적 불멸의 선구적인
지지자로 떠오른 구글의 엔지니어링 이사 레이 커즈와일과
함께 부활했다.[12]
　　베커의 분석은 강렬하다. 하지만 죽음에 대한 인간의 태도

는 모순적이며 모든 종교와 철학이 필멸을 부정하는 방법인 것은 아니다. 그리스 다신교에서 신들은 자신의 죽음으로부터의 자유에 지쳐 인간의 짧은 삶을 질투하는 모습을 보여준다. 그들이 인간 세계에 끼어들 때 그것은 지루해서 그리고 필멸이라는 행운을 가진 인간을 벌하기 위해서이다. 죽음에 따라오는 망각은 인간의 특권 중 하나다.

필멸을 어떻게 다룰 것인가에 대한 다른 종교들의 관점은 모호하다. 어떤 측면에서 불교는 죽음에서 벗어나려는 시도다. 만약 당신이 윤회의 수레바퀴에서 내린다면 당신은 다시 죽지 않아도 될 것이다. 또 다른 관점에서 불교는 필멸에 대한 탐구다.[13] 구원은 삶의 고통에서 벗어나는 것을 의미한다. 일단 당신이 더 이상 다시 태어나지 않게 되면 당신은 더 이상 괴롭지 않을 것이다. 그런데 만약 영혼의 윤회가 없다면 어떨까? 어쨌든 부처는 영혼은 환상이라고 가르쳤다. 만약 당신이 다시 태어나지 않는다면 당신이 무엇을 하든지 고통으로부터 구원받을 것이다. 당신의 하나뿐인 죽음은 절대적이고 최종적이다.

이런 점에서 에피쿠로스는 불교보다 유리한 위치에 있다. 만약 목표가 고통을 끝내는 것이라면, 모두가 죽을 것이니 구원은 모든 생명체에게 보장된다. 그러나 에피쿠로스에게도 역시 모순이 있었다. 인간이 고통으로부터 해방되길 원한다면 그들은 기회가 닿는 대로 자신의 삶을 끝낼 수 있다. 이상하게도 고대의 현자는 이런 결론을 도출하지 않았고 오직 극단적인 상황에서만 자살을 지지했다.

인간은 스피노자가 코나투스 이론에서 제시했던 것처럼 자기 결정적 존재가 되기 위해 투쟁할 수 있을 것이다. 하지만 인간은 그 노력에 싫증이 날 수 있고, 그때 그들은 자신의 삶을 끝내고 싶어 할지도 모른다. 많은 사람은 자기 파괴 외에 개별적 개인으로서의 그들의 소멸에 대한 전망을 제공하는 철학에 끌렸다. 그것은 어떤 형이상학적 실체 — 플라톤적 선의 형상 또는 모종의 세계영혼 — 와의 합일을 포함할 수도 있다. 또는 그것은 자아가 무無로 해체될 거라고 약속하는 쇼펜하우어의 철학과 유사한 철학일 수도 있다.

인류 대다수는 개인으로 존재하는 것이 부담이라는 것을 안다. 역사철학은 그 부담을 덜기 위해 만들어졌다. 베르댜예프는 공산주의의 매력의 일부는 고독으로부터의 해방을 제공했다는 것이고, 오늘날의 자유주의도 비슷한 필요에 부응한다는 것을 알고 있었다. 당신이 다른 모두와 다른 별개의 독립된 영혼이라면, 당신의 역사와 운명은 당신만의 것이다. 반면 당신이 일종의 보편적 인간의 단일성universal human oneness

을 향해 움직인다면, 당신은 더 이상 혼자가 아니다. 당신의 삶은 더 큰 이야기, 인간 집단의 자아실현의 우화에 속한다. 비록 개인으로서 당신은 영원히 죽을지라도 당신의 삶의 의미는 상실되지 않는다.

그러나 모든 인간이 죽음을 두려워하는 것은 아니며, 어떤 이들은 죽기를 원할 수도 있다. 소수의 사람은 자신이 태어나지 않았기를 바란다. 세상에 좌절한 그들의 코나투스는 자신을 무효화하길 바란다. 그들은 자신의 삶이 완전히 지워진다면 기뻐할 것이다.

토머스 하디는 이런 종류의 어떤 사람을 자신의 시「테스의 한탄」에서 묘사했다. 우리는 이 시를 하디의 소설『더버빌 가의 테스Tess of the d'Urbervilles』(1891), 즉 상황에 맞서 자기주장을 하려 애쓰는 시골 소녀가 애인을 살해한 혐의로 교수형에 처해지는 이야기에 대한 해설로 읽을 수 있다. 테스의 삶을 고려하면 그녀는 삶이 사라지길 바랄 것이다.

그것을 생각하면 지친다
그것을 생각하는 것
나는 기록된 내 운명을 견딜 수 없고
내 삶을 없애고 싶다

내 기억을 점 하나로 만들고
내 모든 유품을 썩게 하면
내 행위는 없었던 것처럼 되고
내 흔적은 남지 않으련만![14]

테스는 죽고 싶어 하지는 않지만 전혀 존재하지 않았던 것처럼 세상에서 사라지고 싶어 한다.

고양이가 자기 삶을 돌아볼 수 있다면 그는 자신이 결코 살았던 적이 없기를 바랄까? 그렇게 생각하기는 어렵다. 고양이는 자신의 삶에 대한 이야기를 만들지 않기 때문에 자신을 비극적이라고 생각하거나 결코 태어나지 않았기를 바랄 수 없다. 고양이는 삶을 선물로 받아들인다.

인간은 다르다. 다른 동물들과 달리 인간은 자신의 신념을 위해 죽을 준비가 되어 있다. 일신교도와 합리주의자는 이것을 우리의 우월성의 지표로 여긴다. 그것은 우리가 그저 본능적 만족을 위해서가 아니라 이념을 위해 산다는 것을 보여준다. 그런데 인간이 이념을 위해 죽는다는 점에서 독특하다면, 인간은 또한 이념을 위해 죽인다는 점에서 유일하다. 무의미한 이념을 위해 죽고 죽이는 것은 많은 인간이 자신의 삶을 이해해온 방법이다.

당신 자신을 이념과 동일시하는 것은 죽음으로부터 보호받는다고 느끼기 위해서이다. 이념에 홀린 인간과 마찬가지로 이념들은 태어나고 죽는다. 그것들은 여러 세대에 걸쳐 살아남을 수도 있지만 그래도 낡아서 사라진다. 그렇지만 인간이 이념에 사로잡혀 있는 한 인간은 베커가 "살아 있는 환상"이라고 부르는 것과 같다. 인간은 그 자신을 덧없는 공상과 동일시함으로써 자신이 시간 바깥에 있다고 상상할 수 있다. 인간은 이념을 공유하지 않는 사람을 죽임으로써 자신이 죽음을 정복했다고 믿을 수 있다.

포식자로서 고양이는 살기 위해 죽인다. 암고양이는 새끼 고양이를 위해 죽을 준비가 돼 있고 주기적으로 출산을 위해 목숨을 건다. 고양이는 어떤 종류의 불멸을 이루기 위해 죽이거나 죽지 않는다는 점에서 인간과 다르다. 고양이 자살 전사warriors는 없다. 고양이가 죽기를 원한다면 그건 그가 더 이상 살고 싶지 않기 때문이다.

비트겐슈타인은 이렇게 썼다.

영원이 무한한 시간의 지속이 아니라 무시간성으로 이해된다면, 현재에 사는 사람은 영원히 사는 것이다.[15]

인간은 자신의 삶의 끝을 상상할 수 있다고 생각하기 때문에 자신이 다른 동물들보다 죽음에 대해 더 많이 안다고 믿는다. 그러나 인간이 다가오는 죽음이라고 알고 있는 것은 시간이 흐른다는 인식을 통해 정신이 만들어낸 이미지다. 살아가는 동안 자신의 삶만을 아는 고양이는 죽음이 거의 임박했을 때에만 죽음을 생각하는 필멸하는 불멸의 존재다. 고양이가 어떻게 숭배받게 되었는지를 알기란 어렵지 않다.

신으로서의 고양이

인간은 결코 알 수 없는 자유와 행복을 체현하는 고양이는 인간 세계에서 낯선 존재다. 고양이가 "부자연스러운" 동물로 보인다면, 그것은 고양이가 자신의 본성에 따라 살기 때문이다. 인간 사이에서는 그런 삶을 찾아볼 수 없으므로 고양이는 악마 또는 신으로 여겨지게 되었다.

고대 이집트의 고양이 숭배를 이해하려면 당신은 오늘날 우리에게 자연스러워 보이는 개념들을 제쳐두어야 한다. 야로미르 말레크는 다음과 같이 썼다.

우리가 본능적으로 행하는 인간과 동물의 구분은 그다지

강하게 의식되지 않았고, "동물"범주는 사실상 존재하지 않았다. 달리 말하면 "살아 있는 존재"는 신, 인간, 동물을 포함했다. 샤바코Shabako(기원전 716-702)의 이름으로 기록됐지만 아마도 일찍이 기원전 3000년에 작성되었을 한 신학 논문은 "모든 신, 모든 인간, 모든 가축, 모든 벌레, 살아 있는 모든 것"에서 나타나는 창조주 프타Ptah의 말과 생각을 설명한다. 인간과 마찬가지로 동물은 창조주에 의해 만들어졌고, 그들은 (자기만의 방식으로) 신을 숭배하고 신에게 돌봄을 받았다. 어떤 예외적인 경우에 동물과 신의 관계는 인간과 신의 관계보다도 더 직접적이었을 것이다.[16]

고대인에 대한 우리의 사고방식에는 19세기의 진보 신화가 스며들어 있다. 존 로머는 고대 이집트의 선구적인 역사에서 이 신화를 간결하게 포착했다.

> [이집트의] 역사고고학자들의 보다 긴 시간적 서술은 …
> 홍포함에서 야만을 거쳐 리츠 호텔로 직행하는 보편적인
> 유사 진화론적 진보였다.[17]

이 합리주의 신화에서 고대 이집트는 주술적 사고에 몰두한 사회였다. 자신들의 생각과 자연 세계의 차이를 알 수 없었던 먼 옛날의 사람들은 삶과 죽음, 신과 국가의 구별을 흐릿하게 만들었다. 그러나 이것은 이 고대인들에게 우리 자신의 생각과 신념을 다시 투영하는 것이다.

고대 이집트인에게는 인간이라는 것이 무엇을 의미하는지에 대한 우리의 현대적 관념 같은 것이 없었다. 인간은 세상에서 다른 동물에게는 없는 지위를 가지는 유일한 존재가 아니었다. 인간의 정신이 신의 정신에 가장 근접한 후기 그리스 로마 사상에서도 그런 관념은 "종교"에 대한 어떤 관념과 마찬가지로 부재했다. 일상생활의 "세속적인" 구역과 숭배의 신성한 영역의 현대적 구분은 존재하지 않았다. 당신이 고대 이집트인에게 어떤 종교를 믿는지 묻는다면 그들은 당신의 말을 이해하지 못할 것이다.

일신교에서 획득된 초자연적 영역에 대한 관념 역시 존재하지 않았다. 이집트인들은 세상이 영혼으로 가득 차 있다는 애니미즘 전통을 물려받았다. 이 전통에서 인간은 다른 동물들보다 우월하지 않았다. 완전히 구분되는 사물들의 두 질서 — 하나는 지각 없는 물질, 다른 하나는 비물질적 영혼 — 가 아니라 동물과 인간의 영혼이 공유하는 한 질서가 존재했다.

우리의 가장 근본적이고 자명해 보이는 사고의 범주 다수는 부재했다.

지난 몇 세기의 철학에서 인간 문명은 의기양양하게 우리 자신으로 이어지는 장엄한 행군을 하며 진격한다. 고대의 정신은 현대의 정신으로 대체된다. 신화와 제의는 과학적 설명과 실용적 추론에 항복한다. 고양이가 마법 같은 동물이라는 생각은 원시적 과거의 일부임에 틀림없다.

그렇다 하더라도 인간의 정신은 고대 이후로 그다지 많이 바뀌지 않았고, 우리가 고대 이집트인들과 꽤 다르다는 생각은 그 자체로 상당히 원시적이다. 우리는 그들이 알았던 것보다 훨씬 많은 걸 알고 물질세계의 양상에 훨씬 큰 권력을 행사하지만, 그렇다고 해서 우리가 그만큼 신화를 덜 만드는 건 아니다.

일단 진보에 대한 오래된 신화를 제쳐두면, 고양이 숭배에 대한 다른 관점이 나타난다. 고양이는 자연스러운 과정으로 고대 이집트의 신이 되었다. 고양이는 근동에서 그랬던 것처럼 인간과 교류하기 시작했고 다음에는 함께 살기 시작했다.

기원전 4000년경 야생 고양이는 이집트인의 거주지로 잘못 들어섰다가 설치류와 뱀이 있는 곡물 창고를 발견했고 그것들을 잡아먹었다. 이후 2000년 동안 고양이는 신뢰할 수 있는 식량 공급자를 얻고 인간은 해충 감소라는 이득을 얻는 공생 관계가 발전했다. 기원전 2000년 이후로 고양이는 자신을 가정에 소개했고 동반자로 받아들여졌다. "이런 식으로 고양이는 결국 길들여진 동물이 되었고 또는 더 정확히 말하자면 스스로 길들여졌다"고 말레크는 쓴다.[18]

대략 기원전 1980-1801년에 만들어진 것으로 추정되는 이집트 상부의 중왕국 묘지, 아비도스의 작은 무덤 속에서는 열일곱 마리의 고양이 유골이 발견되었고 유골 근처에는 본래 우유를 담았을지도 모를 작은 항아리가 일렬로 세워져 있었다. 그렇다면 이것은 다 자란 고양이에게 이런 식으로 먹이를 준 최초로 기록된 사례일 것이다.[19] 기원전 1000년에서 서기 350년 사이에 고양이는 신, 특히 바스테트Bastet 여신의 현현으로 여겨지게 되었고 사원의 사육장에서 길러졌다. 기원전 1250년의 두 고양이의 석비(종종 큰 사원 뒤에 놓여 있는 윗부분이 둥근 작은 석판)는 프리Pre(태양신 라Ra)를 나타낸 것으로 보인다. 그 석비에는 "위대한 고양이"와 태양신에게 동시에 보내는 것으로 보이는 시가 새겨져 있다.

위대한 고양이를 경배하며
위대한 신, 프리 앞에서 땅에 입 맞추네

오 평화로 돌아가는 평안한 자여

당신은 내가 당신이 만든 어둠을 보게 하네

당신의 아름다움을 알 수 있게 나를 밝게 비춰주오

나를 향하여

오 평화로울 때 아름다운 자여

평화로의 귀환을 아는 평화로운 자여.[20]

고양이는 가정의 동반자이자 조력자에서 행운의 징조이자 신성한 동물이 되었다. 고양이를 나타내는 부적이 몸이나 옷에 걸쳐졌다. 신왕국 시기(기원전 1540년 이후)에는 밤마다 왕릉의 지하 세계로 통하는 통로에서 태양신을 지키는 고양이가 관찰된다. 이 시기의 "내세의 책"에서 고양이는 신의 적들을 감시하고, 신이 빛과 삶으로 돌아가는 여정의 마지막 관문에서 보초를 서는 것으로 그려진다. 작은 조각상들은 신을 보좌하거나 지키는 신의 동반자로서 고양이를 보여주었다. 가끔은 고양이 앞에서 경배하며 무릎 꿇는 인간이 등장한다.

　기원전 4세기에는 헤르모폴리스Hermopolis의 공동묘지에 "살아 있는 고양이의 사원"이 존재했고, 근처에는 대규모의 고양이 미라 묘지도 있었다. 고양이만 미라로 만들어진 것은 아니었다. 예컨대 몽구스, 따오기, 독수리, 매, 악어 그리고 물론 인간도 미라로 만들어졌다. 그러나 엄청나게 많은 수의 고양이가 미라가 되었고, 19세기가 끝날 무렵에 이 미라들은 배에 실려 유럽으로 보내졌다. 시장에 고양이 미라가 과잉 공급되었기 때문에 그것은 자주 비료로 쓰이거나 심지어 배의 바닥짐으로 쓰였으며 다수가 파괴되거나 소실되었다.

헤로도토스는 이집트인의 집에 불이 났을 때 집주인이 자기 재산보다 고양이에 더 신경을 썼다고 쓴다. 기원전 59년에 로마를 방문한 사절단의 일원이 실수로 고양이를 죽였을 때, 그 사람은 왕의 중재에도 불구하고 살해당했다. 그리고 이집트의 현자 앙크쉐숑키Anksheshonq는 "고양이를 비웃지 말라"고 경고했다.[21]

고양이는 일신교도들 사이에서 나쁜 평판을 얻었다. 2세기의 기독교 신학자 알렉산드리아의 클레멘트는 이집트인들이 사원에서 고양이를 키우는 것에 대해 일찍이 공격했다. 그러나 일부 일신교 전통은 좀 더 존중하는 태도를 보였다. 예컨대 이탈리아의 기독교 수사 아시시의 성 프란치스코(1182-1226)는 신의 피조물에 대한 사랑은 모든 피조물에 대한 사랑을 포함한다고 믿었다. 유대교 율법에는 가축에게 휴일을 주라는 3000년 된 명령을 포함하여, 연민을 가지고 동물을 대하도록 요구하는 계명이 들어 있다. 예언자 마호메트는 자신의 옷소매 위에서 자고 있는 고양이를 깨우지 않기 위해 소매를 잘라냈다고 알려져 있는 한편, 중세의 술탄 바이바르스Baibars(1223년경-1277년경)는 카이로의 집 없는 고양이들을 위한 휴식처로 정원을 유증했다.

고양이는 고대 이집트에서 다양한 것들로 존재했다. 그들은 어떤 경우에는 인간이 다른 삶으로 옮겨 갈 때의 동반자였고, 다른 경우에는 신의 현현이었으며, 또 다른 경우에는 신들의 보호자이기도 했다. 고양이가 동시에 이 모든 것이 될 수 있었다는 것은 고대 이집트 정신의 불가사의함을 증언해 준다. 그런데 그것은 또한 고양이 자신의 존재에 대해서도 말해준다. 고양이는 죽음에 사로잡힌 세계에서 삶의 긍정을 상징했다. 이집트의 종교는 다른 세계에서의 삶을 준비함으로써 죽음의 전망에 대응했지만, 사후 세계에서 살아 있다는 감각을 유지하기 위해 고양이가 필요했다. 죽음 직전에 이를 때까지 오직 삶만을 알기에 고양이는 죽음에 지배받지 않는다. 이집트인이 저승으로 가는 여정에 고양이가 함께하길 원했던 것은 당연한 일이었다.

죽음에 관한 한 인간과 고양이는 같은 처지이다. 고대 이집트의 그 누구도 인간은 영혼을 갖지만 고양이는 영혼을 갖지 않는다고 믿지 않았다. 그런데 만약 죽음에 의해 영혼이 훼손

되지 않는다면 고양이의 영혼은 어떤 인간의 영혼보다도 더 불멸에 가까울 것이다.

6
고양이와 삶의 의미

만약 고양이가 인간의 의미 추구를 이해할 수 있다면 그는 그 어리석은 짓에 대해 기꺼이 가르랑거릴 것이다. 어쩌다 주어진 고양이로서의 삶은 그에게 충분히 의미가 있다. 반면 인간은 자신의 삶을 능가하는 의미를 찾지 않고는 못 견딘다.

의미 추구는 죽음의 인식에 따른 것으로, 그것은 인간의 자기의식의 산물이다. 인간은 자신의 삶이 끝나는 것을 두려워한 나머지 종교와 철학을 만들어냈고, 인간의 삶의 의미는 종교와 철학을 통해 인간의 사후에도 계속 이어졌다. 그러나 인간이 만드는 의미는 쉽게 부서지므로 인간은 전보다 더 큰 불안 속에서 살아간다. 인간이 자신을 위해 만든 이야기는 계승되고, 인간은 자신이 만들어낸 인물이 되려고 노력하면서 하루하루를 살아간다. 인간의 삶은 그 자신이 아니라 상상 속에서 생각해낸 인물에 속한다.

이런 삶의 방식의 한 결과는 인간이 자기 이야기가 붕괴되는 경우에 집착하게 될 수도 있다는 것이다. 인간은 사랑하는 사람을 잃을 수도 있고 자기 삶이 위험에 처한 것을 깨달을 수도 있고 또는 자기 집을 떠나도록 강요받을 수도 있다. 삶을 비극적인 이야기로 만드는 사람들은 돌이킬 수 없는 상실의 경험에 대처하고 있는 것이다. 하지만 그러한 대처 방식에는 대가가 따른다. 당신의 삶을 비극으로 생각하는 것이 삶에 의미를 부여해줄지는 모르지만, 그것은 당신을 슬픔 속에 가둔다.

고양이들은 끔찍한 고통을 견딜 수도 있고 그들의 삶은 갑자기 잔인하게 끝날 수도 있다. 메이오의 삶에는 다수의 참혹한 경험이 있었고, 충격적인 기억이 촉발되면 그 기억은 그에게 되돌아왔을 것이다. 가티노는 삶의 시작부터 고통스러웠고 아마 삶의 끝에도 그랬을 것이다. 두 고양이 모두 극심한 고통에 대해 알고 있었지만, 둘 다 비극에 대해서는 몰랐다. 고통에도 불구하고 그들은 두려움을 모르는 기쁜 삶을 살았다. 인간도 이렇게 살 수 있을까, 아니면 인류는 그런 삶을 살기에는 너무 나약한 것일까?

고양이의 본성, 인간의 본성

사전에서 인간의 본성이라는 관념을 지우고 싶어 하는 사람들이 많이 있다. 그들은 인간이 스스로를 창조한다고 말한다. 다른 동물들과 달리 인간은 자신이 원하는 게 무엇이든 간에 그렇게 되기로 선택할 수 있다. 인간의 본성에 대한 논의는 이 자유를 억제하는 방식이고 인간이 임의 규범의 힘에 지배받도록 내버려두는 것이다.

이것은 포스트모더니즘이라 불리고, 장 보드리야르와 리처드 로티와 같은 사상가들 ― 이 밖에도 포스트모더니즘의 화신은 많다 ― 에 의해 지지되었다. 초기의 장폴 사르트르가 설파했던 것처럼 실존주의는 인간은 본성이 없고 오직 스스로 만들어온 역사만을 가진다는 견해였다. 낭만주의자들은 각각의 인간의 삶이 무로부터 창조된 예술 작품이 되기를 ― 그들이 생각한 최고의 예술 작품처럼 되기를 ― 원했다. 그런데 만약 인간이 다른 생명체처럼 진화의 임의적 산물이라면 어떻게 자신의 본성을 창조할 수 있을까? 인간 동물이 스스로 인위적 본성을 만드는 것은 사실이다. 이것이 파스칼이 다음과 같이 쓸 때 의미한 것의 일부다. "습관은 제1의 본성을 파괴하는 제2의 본성이다. 그러나 본성이란 무엇인가? 습관은 왜 본성적인 것이 아닌가? 나는 꼭 습관이 제2의 본성인 것처럼, 본성 자체도 단지 제1의 습관에 불과한 것이 아닌지 몹시 두렵다."[1] 그러나 이 제2의 본성은 파스칼이 믿었던 것보다 훨씬 더 피상적일 수도 있다.

겨울 온도가 항상 섭씨 영하 50도까지 떨어지고 평균수명이 약 3년이었던 북극의 굴라크 수용소에서 15년 동안 생존한 러시아의 작가 바를람 샬라모프Varlam Shalamov는 몇 주간의 극심한 추위, 굶주림, 혹사와 구타가 모든 인간의 인간성을 파괴하기에 충분하다는 것을 목격했다. 친절이라는 유일한 예외를 제외하면 샬라모프의 이야기에서 "인간 정신"의 회복력에 대한 것은 아무것도 없다. 오직 비인간 생물만이 호의를 보여준다. 곰과 피리새는 친구들이 탈출할 수 있도록 사냥꾼의 표적이 되었고, 허스키 개는 죄수들을 보호하고 경비에게 으르렁거렸으며, 고양이는 재소자들이 물고기를 잡는 것을 도왔다.

인간은 빠르게 인간성을 잃는 반면 고양이는 결코 고양이이기를 멈추지 않는다. 그런데 인간이 가지고 있다고 믿는 본성이 몇 주 만에 무너질 수 있는 습관으로 구성되어 있다면, 인간에게 진정 그 자신의 것은 무엇이 있는가?

포스트모더니스트들의 견해와는 달리 인간의 본성이라는

것은 존재한다. 그것은 한 가지, 의미에 대한 보편적 요구로 표현된다. 그러나 인간의 본성은 서로 다르면서 때로는 적대적인 수많은 삶의 형태를 낳았다. 인간의 본성이 그렇게 모순적이라면 그 누가 자신의 본성을 알 수 있을까? 우리 각자가 본성을 가진다는 생각은 단지 또 다른 형이상학적 허구가 아닐까?

개인의 본성이라는 허구에서 진실은 우리 각자에게 좋은 삶은 선택되는 게 아니라 발견된다는 것이다. 우리 자신이 내렸다고 믿는 결정에서 좋은 삶이 나온다고 할지라도 우리의 경험은 우리가 결정하는 것이 아니다. 좋은 삶은 당신이 원하는 삶이 아니라 당신이 만족하는 삶이다. 형이상학을 제거한다면 이것은 스피노자의 코나투스 관념이고, 우리 안의 도를 따라야 한다는 도교의 믿음이다.

이렇게 우리는 다른 모든 생명체와 하나가 된다. 인간은 다른 동물보다 높은 지위에 있지도, 낮은 지위에 있지도 않다. 가치의 우주적 척도도 존재의 거대한 사슬great chain of being도 없으며, 어떤 외적 기준으로도 삶의 가치를 판단할 수 없다. 인간은 인간이고 고양이는 고양이다. 차이점은 고양이는 우리에게 배울 것이 아무것도 없지만, 우리는 고양이에게 인간의 삶에 수반되는 부담을 덜어내는 방법을 배울 수 있다는 것이다.

우리가 포기할 수 있는 한 가지 부담은 완벽한 삶이 존재할 수 있다는 생각이다. 우리의 삶이 필연적으로 불완전하다는 것은 아니다. 우리의 삶은 완벽에 대한 어떤 생각보다도 더 값지다. 좋은 삶은 당신이 살 수도 있었을 또는 이제 살 수도 있는 삶이 아니라 이미 살고 있는 삶이다. 고양이는 자신이 살지 않은 삶을 아쉬워하지 않으므로, 여기서 고양이는 우리의 선생이 될 수 있다.

잘 사는 방법에 대한 고양이의 10가지 조언

고양이들은 인간에게 어떻게 살지 가르치는 데 관심이 없고, 그들이 우리를 가르친다 하더라도 계명을 내림으로써 가르치지는 않을 것이다. 그렇지만 우리는 고양이들이 덜 서툴게 사는 방법에 관한 조언을 해줄 수 있을 거라고 상상할 수 있다. 분명히 그들은 우리가 그들의 충고를 받아들일 거라고 예상하지 않을 것이다. 그들은 자신들을 위한 그리고 제안을 받아들일 인간을 위한 일종의 오락으로 장난삼아 제안을 할 것이다.

1 인간을 합리적으로 설득하려 하지 마라

인간을 합리적으로 설득하려 하는 것은 고양이를 채식주의 자가 되게 가르치려는 것과 비슷하다. 인간은 자신이 믿고 싶은 것이면 무엇이든 지지하기 위해 이성을 사용하지만, 자신이 믿는 것이 진실인지 알아내기 위해서는 이성을 거의 사용하지 않는다. 이것은 불행일 수도 있지만 당신이나 다른 누구도 그것에 대해 할 수 있는 일은 아무것도 없다. 만약 인간의 불합리가 당신을 좌절시키거나 위험에 빠뜨린다면, 떠나라.

2 시간이 충분하지 않다고 불평하는 것은 어리석은 일이다

만약 시간이 충분하지 않은 것 같다면, 당신은 시간을 어떻게 보낼지를 모르는 것이다. 당신의 목적에 도움이 되는 일, 그 자체로 당신이 즐기는 일을 하라. 이렇게 산다면 시간은 충분할 것이다.

3 당신의 고통에서 의미를 찾지 마라

당신이 행복하지 않다면 불행에서 위안을 찾으려 할 수도 있지만, 불행을 삶의 의미로 만드는 위험을 감수하게 된다. 당신의 고통에 애착을 느끼지 말고, 그런 사람을 피해라.

4 타자를 사랑해야 한다고 느끼는 것보다 무관심한 것이 낫다

보편적 사랑이라는 이상보다 더 해로운 이상은 거의 없다. 무관심을 장려하는 게 더 낫고, 그것이 친절이 될 것이다.

**5 행복을 쫓는 것에 대해서는 잊어버려라,
그러면 행복을 찾을 수 있을 것이다**

당신은 무엇이 당신을 행복하게 만들지 모르기 때문에 행복을 쫓아서는 행복을 찾을 수 없을 것이다. 그 대신 가장 흥미롭다고 생각하는 일을 하라. 그러면 당신은 행복에 대해 아무것도 모르는 채로 행복해질 것이다.

6 인생은 이야기가 아니다

만약 당신의 삶을 이야기라고 생각한다면 그것을 끝까지 쓰고 싶은 마음이 생길 것이다. 하지만 당신은 삶이 어떻게 끝날지 또는 삶이 끝나기 전에 어떤 일이 일어날지 알 수 없다. 각본을 버리는 편이 더 나을 것이다. 써지지 않은 삶은 당신이 만들어낼 수 있는 어떠한 이야기보다도 더 살 만한 가치가 있다.

7 많은 소중한 것이 밤에 발견되니, 어둠을 두려워하지 마라

당신은 행동하기 전에 생각하라고 배웠고 그것은 대개 좋은 조언일 수도 있다. 현재 당신이 느끼는 대로 행동하는 것은 당신이 무심코 받아들인 닳아빠진 철학에 순종하는 것에 불과할지도 모른다. 그렇지만 가끔은 어둠 속에서 희미하게 빛나는 암시를 따르는 편이 더 낫다. 그것이 당신을 어디로 이끌지 당신은 결코 알 수 없다.

8 수면의 즐거움을 위해서 자라

자고 일어나서 더 열심히 일하기 위해 자는 것은 비참한 삶의 방식이다. 이득을 위해서가 아니라 만족을 위해서 자라.

9 당신을 행복하게 해주겠다고 하는 사람을 조심하라

당신을 행복하게 해주겠다고 하는 사람들은 자신이 덜 불행해질 목적으로 그렇게 하는 것이다. 당신의 고통이 없으면 그들의 삶의 이유가 줄어들 것이므로 그들에겐 당신의 고통이 필수적이다. 다른 사람을 위해 산다고 말하는 사람을 믿지 마라.

10 좀 더 고양이처럼 사는 법을 배울 수 없다면 기분 전환의 인간 세계로 미련 없이 돌아가라

고양이처럼 사는 것은 당신이 살고 있는 삶 너머의 어떤 것도 원하지 않음을 의미한다. 이것은 위안 없는 삶을 의미하고, 그것은 당신이 감당하기에 버거울 수도 있다. 만약 그렇다면 가급적 제의가 많은 구식 종교를 받아들여라. 당신에게 맞는 신앙을 찾을 수 없다면 일상생활에 몰두하라. 낭만적 사랑의 흥분과 실망, 돈과 야망의 추구, 정치의 속임수와 뉴스의 아우성이 곧 어떤 공허감도 사라지게 해줄 것이다.

창밖 난간 위의 메이오

고양이 철학자는 인간이 지혜를 추구하도록 부추기지 않을 것이다. 당신이 삶 자체를 즐길 수 없다면 모순과 환상 속에서 성취감을 찾아라. 죽음에 대한 공포와 싸우지 마라. 그것이 서서히 사라지게 놔둬라. 당신이 평정을 열망한다면 당신은 영원히 혼란스러울 것이다. 세상을 외면하는 대신 다시 돌아와 세상의 어리석음을 받아들여라.

당신은 이따금 당신 자신으로 돌아가기를 원할지도 모른다. 우리의 이야기에 세상을 맞추려고 애쓰지 않으면서 세상

을 바라보는 일은 다수의 전통에서 관조라고 부르는 것이다. 당신이 사물을 바꾸려 하지 않으면서 바라볼 때, 그것은 당신에게 잠깐 영원을 보여줄 수 있다. 매 순간은 완벽하고, 변화하는 광경은 마치 시간을 벗어나 있는 것처럼 당신에게 나타난다. 영원은 또 다른 사물의 질서가 아니라 불안 없이 바라본 세상이다.

인간에게 관조는 삶에서 벗어나는 일인 반면 고양이에게 그것은 삶 자체의 감각이다. 메이오는 언제나 위험 속에서 살았고 창밖 난간 위에 위태롭게 앉아서 많은 시간을 보냈다. 그는 세상을 내려다보며 의미를 찾지 않았다. 고양이는 의미를 찾는 것이 행복을 추구하는 것과 마찬가지로 혼란이라는 것을 우리에게 보여준다. 삶의 의미는 우연히 찾아와서 그게 무엇인지 당신이 알기 전에 사라져버리는 촉감과 향기다.

감사의 말

펭귄 북스의 편집자 사이먼 윈더Simon Winder는 나를 한결같이 격려해주었다. 그와 그의 동료 에바 호지킨Eva Hodgkin의 지적은 이 글을 이루 헤아릴 수 없을 정도로 나아지게 했다. 나의 소속사 와일리 에이전시Wylie Agency의 에이전트 트레이시 보한Tracy Bohan과 그의 동료 제니퍼 번스타인Jennifer Bernstein은 이 책을 구상하는 데 아주 큰 힘과 도움이 되었다. 아담 필립스Adam Phillips는 여러 해 동안 이 책이 추구하는 주제에 대한 내 생각을 자극했고, 그의 논평은 매우 귀중했다.

브라이언 애플야드Bryan Appleyard, 로버트 콜스Robert Colls, 마이클 린드Michael Lind, 폴 슈츠Paul Schutze, 제프리 스미스Geoffrey Smith, 쉴라 스티븐스Sheila Stevens 그리고 마리나 바

이지Marina Vaizey와 나눈 대화가 이 책을 쓰는 데 도움이 되었다.

네 마리의 고양이가 없어서는 안 될 기여를 했다. 두 버마 고양이 소피Sophie와 사라Sarah, 두 버만 고양이 제이미Jamie와 줄리안Julian은 거의 30년이 넘는 기간 동안 소중한 동반자였다. 내가 이 책을 쓸 때 줄리안은 23살이었지만 여전히 삶을 즐기고 있었다.

언제나처럼 아내 미에코Mieko에게 깊은 감사를 전한다. 그녀가 없었다면 이 책을 쓸 수 없었을 것이다.

존 그레이

미주

1 고양이와 철학

1 종교에 대한 이러한 합리주의의 관점에 대해서는 *Seven Types of Atheism*, London: Penguin Books, 2019, pp. 9-14에서 논의하였다.

2 Arthur Schopenhauer, *The World as Will and Representation*, vol. 2, translated by E. F. J. Payne, New York: Dover Publications, 1966, pp. 482-483.

3 Peter Godfrey-Smith, *Other Minds: The Octopus and the Evolution of Intelligent Life*, London: Williams Collins, 2017, Chapter 4, "From White Noise to Consciousness", pp. 77-105를 보라.

4 나는 *The Immortalization Commission: The Strange Quest to Cheat Death*, London: Penguin Books, 2012, pp. 213-219의 우주적 진화 관념을 고려한다.

5 인간이 우주에서 유일한 의식적 존재일 수도 있다는 관점에 대해서는 다음을 보라. James Lovelock, *Novacene: The Coming Age of Hyperintelligence*, London: Allen Lane, 2019, pp. 3-5.

6 Michel de Montaigne, *An Apology for Raymond Sebond*, translated and edited by M. A. Screech, London: Penguin Books, 1993, p. 17.

7 Montaigne, *Apology for Raymond Sebond*, pp. 16, 17.

8 Sextus Empiricus, *Outlines of Scepticism*, edited by Julia Annas and Jonathan Barnes, Cambridge: Cambridge University Press, 2000, pp. 5-6.

9 Montaigne, *Apology for Raymond Sebond*, p. 53.

10 Montaigne, *Apology for Raymond Sebond*, p. 54.

11 비트겐슈타인의 동종요법 철학/반철학에 대한 생각은 K. T. Fann, *Wittgenstein's Conception of Philosophy*, Singapore: Partridge Publishing, 2015를 보라. 부록에서 판은 비트겐슈타인의 후기 작품과 도교 사이의 약간의 유사성을 탐구한다(pp. 99-114를 보라). 철학에 대한 몽테뉴의 회의주의 는 Hugo Friedrich, *Montaigne*, edited with an introduction by Philippe Desan, translated by Dawn Eng, Berkeley, CA: University of California Press, 1991, pp. 301-309에 설명되어 있다.

12 John Laurence, *The Cat from Hué: A Vietnam War Story*, New York: PublicAffairs, 2002, p. 23.

13 Laurence, *The Cat from Hué*, p. 496.

14 Laurence, *The Cat from Hué*, p. 489.

15 Laurence, *The Cat from Hué*, p. 485.

16 Laurence, *The Cat from Hué*, pp. 491, 498-499.

17 Laurence, *The Cat from Hué*, p. 498.

18 Laurence, *The Cat from Hué*, p. 820.

19 Laurence, *The Cat from Hué*, p. 822.

20 Laurence, *The Cat from Hué*, p. 822.

21 고양이의 가축화에 대한 권위 있는 설명은 다음을 보라. Abigail Tucker, *The Lion in the Living Room: How House Cats Tamed Us and Took over the World*, New York and London: Simon and Schuster, 2016, pp. 31-35.

22 Tucker, *The Lion in the Living Room*, p. 32.

23 Tucker, *The Lion in the Living Room*, p. 47.

24 Elizabeth Marshall Thomas, *The Tribe of Tiger: Cats and Their Culture*, illustrated by Jared Taylor Williams, London: Orion Books, 1995, p. 3.

25 Peter P. Marra and Chris Santella, *Cat Wars: The Devastating Consequences of a Cuddly Killer*, Princeton, NJ: Princeton University Press, 2016, p. 19를 보라.

26 Carl Van Vechten, *The Tiger in the House*, New York: Dover Publications, 1996, p. 75.

27 Keith Thomas, *Man and the Natural World: Changing Attitudes in England* 1500-1800, London: Allen Lane, 1983, pp. 109-110.

28 Robert Darnton, *The Great Cat Massacre and Other Episodes in French Cultural History*, New York: Basic Books, 2009, p. 96.

29 Van Vechten, *The Tiger in the House*, pp. 74-75.

2 고양이는 왜 행복하기 위해 애쓰지 않을까

1 George Santayana, *Three Philosophical Poets: Lucretius, Dante, Goethe*, New York: Doubleday, Anchor Books, 1953, p. 183.

2 Marcus Aurelius, *Meditations*, translated by A. S. L. Farquharson, Oxford: Oxford University Press, 2008, p. 13.

3 Joseph Brodsky, "Homage to Marcus Aurelius", in Joseph Brodsky, *On Grief and Reason: Essays*, London: Penguin Books, 2011, p. 245.

4 Seneca, *Epistles* 66-92, translated by Richard M. Gummere, Cambridge, MA, and London: Harvard University Press, 2006, pp. 177, 179, 181.

5 Blaise Pascal, *Pensées*, translated with an introduction by A. J. Krailsheimer, London: Penguin Books, 1966, p. 66.

6 Pascal, *Pensées*, pp. 67-68.

7 Pascal, *Pensées*, pp. 39, 41.

8 Michel de Montaigne, "On diversion", in Michel de Montaigne, *The Complete Essays*, translated by M. A. Screech, London: Penguin Books, 2003, p. 941.

9 Montaigne, *Complete Essays*, "On affectionate relationships", pp. 205-219.

10 Pascal, *Pensées*, p. 59.

11 Pascal, *Pensées*, "The Memorial", pp. 309-310.

12 Pascal, *Pensées*, p. 60.

13 Pascal, *Pensées*, p. 44.

14 파스칼의 바그너에 대해서는 *Pensées*, pp. 149-155를 보라.

15 Pascal, *Pensées*, p. 274.

16 Pascal, *Pensées*, p. 95.

17 James Boswell, *Life of Johnson*, edited by R. W. Chapman, Oxford: Oxford University Press, 1980, p. 368.

18 Samuel Johnson, *The History of Rasselas, Prince of Abissinia*, edited by Thomas Keymer, Oxford: Oxford University Press, 2009, p. 42.

19 Christopher Smart, "For I will consider my Cat Jeoffry". 이 시는 자주 선 집에 포함되며 다음에서 찾아볼 수 있다. *The Sophisticated Cat*, edited by Joyce Carol Oates and Daniel Halpern, London: Pan Books, 1994, pp. 61–64.

20 Johnson, *The History of Rasselas*, p. 93.

3 고양이의 윤리

1 Pascal, *Pensées*, p. 47.

2 Alasdair MacIntyre, *After Virtue: A Study in Moral Theory*, 3rd edn, London: Bloomsbury Academic, 2007, pp. 27–41을 보라.

3 Bernard Williams, *Ethics and the Limits of Philosophy*, London: Routledge, 2011, Chapter 10, "Morality, the Peculiar Institution", pp. 193–218을 보라.

4 Aristotle, *History of Animals*, translated by D'Arcy Wentworth Thompson, Whitefish, MT: Kessinger Publishers, 2004.

5 돌고래의 좋은 삶에 대해서는 다음을 보라. Alasdair MacIntyre, *Dependent Rational Animals: Why Human Beings Need the Virtues*, London: Duckworth, 1999, pp. 23–26.

6 A. C. Graham, *Disputers of the Tao: Philosophical Argument in Ancient China*, La Salle, IL: Open Court, 1989, pp. 13–14, 191–192를 보라.

7 다윈이 목적 없는 과정으로서의 자연선택설을 일관되게 고수하는 데 실패했던 것에 관해서는 나의 책 *Seven Types of Atheism*, London: Penguin Books, 2019, pp. 54–55에서 논의하였다.

8 나의 책 *Straw Dogs: Thoughts on Humans and Other Animals*, London: Granta

Books, 2002를 보라.

9 Antonio Damasio, *Looking for Spinoza*, London: Vintage Books, 2004, pp. 170-171. 정신/신체의 통합에 대한 이해를 돕는 논의로는 또한 다음을 보라. Damasio, *Self Comes to Mind: Constructing the Conscious Brain*, New York, Pantheon Books, 2010.

10 Stuart Hampshire, "Spinoza and the Idea of Freedom", in *Spinoza: A Collection of Critical Essays*, edited by Marjorie Grene, Garden City, NY: Anchor Press/Doubleday, 1973, pp. 303-304. Stuart Hampshire, *Spinoza and Spinozism*, Oxford: Clarendon Press, 2005, pp. 182-184에 전재되었다.

11 Hampshire, "Spinoza and the Idea of Freedom", p. 312.

12 Daniel M. Wegner, *The Illusion of Conscious Will*, London: MIT Press, 2002를 보라.

13 Hampshire, *Spinoza and Spinozism*, p. 13.

14 Hampshire, *Spinoza and Spinozism*, p. 13.

15 Benedict Spinoza, *Ethics; and Treatise on the Correction of the Intellect*, translated by Andrew Boyle, revised by, and with an introduction and notes by, G. H. R. Parkinson, London: J. M. Dent, 1993, pp. 172-173.

16 Thomas Hobbes, *Leviathan*, edited with an introduction and notes by J. C. A. Gaskin, Oxford: Oxford University Press, 2008, p. 66.

17 Spinoza, *Ethics; and Treatise on the Correction of the Intellect*, p. 89.

18 Spinoza, *Ethics; and Treatise on the Correction of the Intellect*, p. 183.

19 Stephen Lukashevich, *Konstantin Leontev(1831-1891): A Study in Russian 'Heroic Vitalism'*, New York: Pageant Press, 1967, Chapter V를 보라.

20 나는 효율적 이타주의에 대해 "How & How Not to Be Good", *New York Review of Books*, 21 May 2015에서 비판하였고, 이 글은 다음에 전재되었다. "How Not to Be Good: Peter Singer on Altruism", in *Gray's Anatomy: Selected Writings*, new edition, London: Penguin Books, 2016, pp. 482-491.

21 Philip Kitcher, *The Ethical Project*, Cambridge, MA: Harvard University Press, 2011, p. 7.

22 Paul Wienpahl, *The Radical Spinoza*, New York: New York University Press, 1979, pp. 89-90.

23 Jon Wetlesen, *The Sage and the Way: Spinoza's Ethics of Freedom*, Assen: Van Gorcum, 1979, p. 317.

24 Atsuko Saito, Kazutaka Shinozuka, Yuki Ito and Toshikazu Hasegawa, "Domestic cats(*Felis catus*) discriminate their names from other words", *Scientific Reports* 9 (5394), 4 April 2019.

25 집중과 주의 산만에 대한 이해를 돕는 논의로는 다음을 보라. Adam Phillips, *Attention Seeking*, London: Penguin Books, 2019.

26 Eugen Herrigel, *Zen in the Art of Archery: Training the Mind and Body to Become One*, translated by R. F. C. Hull, London: Penguin Books, 2004를 보라.

4 인간 대 고양이의 사랑

1 Judith Thurman, *Secrets of the Flesh: A Life of Colette*, London: Bloomsbury, 1999, p. 397.

2 Colette, "The Cat", in Colette, *Gigi and The Cat*, translated by Roger Senhouse, London: Vintage Books, 2001, p. 108.

3 Colette, "The Cat", p. 155.

4 Colette, "The Cat", p. 157.

5 J. R. Ackerley, *My Dog Tulip*, New York: New York Review of Books, 2011.

6 Andrew Wilson, *Beautiful Shadow: A Life of Patricia Highsmith*, London: Bloomsbury, 2003, p. 333.

7 고양이의 애착에 대한 깊이 있는 논평으로는 다음을 보라. Jeffrey Masson, *The Nine Emotional Lives of Cats: a Journey into the Feline Heart*, London: Vintage, 2003, pp. 53-59.

8 Wilson, *Beautiful Shadow*, pp. 331, 332, 267.

9 Wilson, *Beautiful Shadow*, p. 331.

10 Wilson, *Beautiful Shadow*, p. 331.

11 Wilson, *Beautiful Shadow*, p. 331.

12 Patricia Highsmith, "Ming's Biggest Prey", in her *The Animal-Lover's Book of Beastly Murder*, London: Penguin Books, 1979, pp. 57-58.

13 Highsmith, "Ming's Biggest Prey", p. 67.

14 Highsmith, "Ming's Biggest Prey", p. 68.

15 Patricia Highsmith, *Zeichnungen*, Zurich: Diogenes, 1995를 보라.

16 Germaine Brée, *Marcel Proust and Deliverance from Time*, London: Chatto and Windus, 1956, pp. 99-100.

17 Junichirō Tanizaki, *In Praise of Shadows*, translated by Thomas J. Harper and Edward G. Seidensticker, London: Vintage Books, 2001, p. 46.

18 Tanizaki, *In Praise of Shadows*, p. 20.

19 Tanizaki, *In Praise of Shadows*, p. 20.

20 Junichirō Tanizaki, *A Cat, a Man, and Two Women*, translated by Paul McCarthy, London: Daunt Books, 2017, pp. 4-5.

21 Tanizaki, *A Cat, a Man, and Two Women*, pp. 103-104.

22 Tanizaki, *A Cat, a Man, and Two Women*, p. 120.

23 메리 겟스킬의 회고록은 2009년에 *Granta* magazine, issue 107에 처음 실렸고, 그녀의 에세이집, *Somebody with a Little Hammer*, New York: Vintage Books, 2018, pp. 131-179에 재발행되었다.

24 Parul Sehgal, "Mary Gaitskill and the Life Unseen", *The New York Times*, 2 November 2015를 보라.

25 Mary Gaitskill, *This is Pleasure*, London: Serpent's Tail, 2019.

26 Gaitskill, "Lost Cat: A Memoir", in *Somebody with a Little Hammer*, p. 134.

27 Gaitskill, "Lost Cat", p. 131.

28 Gaitskill, "Lost Cat", p. 135.

29 Gaitskill, "Lost Cat", pp. 135-136.

30 Gaitskill, "Lost Cat", pp. 136-137.

31 Gaitskill, "Lost Cat", p. 137.

32 Gaitskill, "Lost Cat", p. 138.

33 Gaitskill, "Lost Cat", p. 137.

34 Gaitskill, "Lost Cat", p. 138.

35 Gaitskill, "Lost Cat", p. 146.

36 Gaitskill, "Lost Cat", pp. 149-151.

37 Gaitskill, "Lost Cat", p. 151.

38 Gaitskill, "Lost Cat", p. 154.

39 Gaitskill, "Lost Cat", p. 173.

40 Gaitskill, "Lost Cat", p. 171.

41 Gaitskill, "Lost Cat", p. 158.

42 Gaitskill, "Lost Cat", pp. 162-163.

43 Gaitskill, "Lost Cat", p. 179.

44 Mary Gaitskill, "Victims and Losers: A Love Story", in *Somebody with a Little Hammer*, p. 82.

5 시간, 죽음 그리고 고양이의 영혼

1 Nicolas Berdyaev, *Self-Knowledge: An Essay in Autobiography*, translated by Katharine Lampert, San Rafael, CA: Semantron Press, 2009, pp. 319-320, 323.

2 레닌의 러시아 지식인 추방에 대한 생생한 이야기는 다음을 보라. Lesley Chamberlain, *The Philosophy Steamer: Lenin and the Exile of the Intelligentsia*, London, Atlantic Books, 2006.

3 Berdyaev, *Self-Knowledge*, pp. 291-292.

4 Doris Lessing, *On Cats*, London: HarperCollins, 2008, pp. 86-87.

5 Lessing, *On Cats*, pp. 97-98.

6 Felipe Fernandez-Armesto, *Out of Our Minds: What We Think and How We Came to Think It*, London: Oneworld Publications, 2019, pp. 35-37.

7 샘 킨과 어니스트 베커가 나눈 긴 대화는 이곳에 실렸다. "The heroics of everyday life: a theorist of death confronts his own end", *Psychology Today*, April 1974.

8 Ernest Becker, *The Denial of Death*, London: Souvenir Press, 2011, reprinted 2018, p. 199.

9 Becker, *The Denial of Death*, p. 201.

10 Ernest Becker, *Escape from Evil*, New York: The Free Press, 1975, pp. 113-114.

11 불멸성 이데올로기로서의 볼셰비즘에 대한 자세한 설명은 다음의 내 책을 보라. *The Immortalization Commission: The Strange Quest to Cheat Death*, London: Penguin Books, 2012.

12 Gray, *The Immortalization Commission*, pp. 213-216을 보라.

13 나는 불교에서의 필멸에 대한 탐구에 관해 *Straw Dogs: Thoughts on Humans and Other Animals*, London: Granta Books, 2002, pp. 129-130에서 논한다.

14 "Tess's Lament", in *Thomas Hardy: Selected Poetry*, edited with an introduction and notes by Samuel Hynes, Oxford: Oxford University Press, 1996, p. 40.

15 Ludwig Wittgenstein, *Tractatus Logico-Philosophicus*, translated by C. K. Ogden, with an introduction by Bertrand Russell, New York: Dover Publications, 1999, section 6.4311, p. 106.

16 Jaromir Malek, *The Cat in Ancient Egypt*, London: British Museum Press, 2017, pp. 75-76.

17 John Romer, *A History of Ancient Egypt from the First Farmers to the Great Pyramid*, London: Penguin Books, 2013, p. xix.

18 Malek, *The Cat in Ancient Egypt*, p. 55.

19 Malek, *The Cat in Ancient Egypt*, p. 51.

20 Malek, *The Cat in Ancient Egypt*, p. 89.

21 Malek, *The Cat in Ancient Egypt*, pp. 75, 100.

6 고양이와 삶의 의미

1 Blaise Pascal, *Pensées*, translated with an introduction by A. J. Krailsheimer, London: Penguin Books, 1966, p. 61.

옮긴이의 말

존 그레이는 어릴 때부터 고양이와 함께 살았다. 그는 30년 넘게 네 마리의 고양이와 함께 지냈고, 현재는 고양이 없이 아내 미에코와 살고 있다. 이 책을 쓰고 있을 때 살아 있다는 순전한 감각을 즐기며 행복하게 지냈던 줄리안은 24살이 되기 전에 세상을 떠났다. 그레이는 그를 안락사시켜야 했지만, 그 죽음은 평화로웠다고 회상했다. 그레이가 이 책을 쓴 하나의 동기는 고양이에 대한 사랑과 존경을 표현하고 그들의 지혜를 전하기 위함이었다. 그러면서도 철학자로서 철학 자체에 대한 회의와 의문 역시 드러내고 싶었다고 한다. 또한 이 책 서두에 등장하는, 고양이를 채식주의자로 만들었다고 믿는 동료 철학자와의 대화도 자극이 되었다. 그에게 이 책을 쓰고 있다고 말하자 그는 고양이에게는 역사가 없는데 그로부터 뭘 배울 수 있다는 거냐고 물었고, 그레이는 역사가 없다는 게 반드시 약점이 되는 건 아니지 않느냐고 되물었다고 한다. 어떤 면에서 그 동료 철학자는 그레이가 일관되게 비판해온 합리주의 철학의 유서 깊은 인간중심주의를 드러내주는 표본적 사례라고 볼 수 있겠다.

이 책은 고양이의 본성에 대한 생물학적 분석은 아니다. 그렇지만 그레이는 아주 가까이에서 고양이와 오랜 시간 함께 살면 그들이 어떻게 철학을 할지 상상할 수 있게 된다고 말한다. 그러니 이 책의 주제는 인간의 인격을 고양이에게 투사한 것도 인간이 고양이처럼 되어야 한다는 것도 아니다. 이 책은 그에게 일종의 창이 되어주었던 자신의 멋진 고양이에게서 배운 것, 그가 고양이의 본성에서 발견한 인간이 덜 서투르게 살 수 있는 방법에 대해 이야기한다.

그레이는 학계의 방식과는 다른 방식의 글을 쓰고 싶어서 일찍이 학계를 떠났고, 활발한 저술 활동을 펼쳐왔다. 지금까지 출간된 많은 저서는 거침없고 논쟁적인 발언으로 찬사와 비판을 동시에 받았다. 이 책은 그레이의 평소의 어조보다 한결 가벼운 느낌이지만 고양이의 본성과 인간의 본성을 두 축으로 여전히 이성과 진보에 대한 맹신과 인간중심주의를 비판하고 있다. 이 책은 큰 틀에서 그레이의 다른 저작들과 핵심을 공유하고 있으며 『하찮은 인간, 호모 라피엔스』와 『동물들의 침묵』의 연장선상에 있다.

그레이는 2002년의 베스트셀러인 『하찮은 인간, 호모 라피엔스』에서 인간은 다른 동물들보다 우월하지 않은 하찮은 지푸라기 개Straw dogs(이 책의 원제다)와 같은 존재이며, 자신의 욕망을 위해 학살과 파괴를 일으키는 호모 라피엔스(약탈하는 존재)라고 주장한다. 그는 철학과 문학, 과학 문헌들을 넘나들며 인간이 의미를 부여하는 다양한 것들, 예컨대 이성, 자아, 도덕, 자유의지 등의 인간적 특성이 환상이며 이 사회가 영원히 지속될 거라는, 인간 종이 자연의 제약을 벗어나 필연적이고 점진적으로 더 개선된 삶을 살게 될 거라는 신념 또한 환상임을 보여주려 한다. 그는 진보에 대한 믿음의 근원을 서구 철학 전통에 뿌리박고 있는 기독교적, 소크라테스적 세계관에서 찾는다. 그가 보기에 합리적 계몽사상의 진보 관념은 환경 파괴, 학살과 전쟁 등을 해결할 어떤 것도 제공하지 못했다. 이 책의 말미에서 그는 "세상을 바꾸려고 분투하는 고결하고 비극적인 인물"이라는 환상적 자아상에서 벗어나서 "무의미한 존재의 피난처를 구하기 위해 '행동하는 삶'"

을 살라고 말한다. 어떤 것을 추구하되 그것이 주는 환상에 굴복하지 않는 삶이 좋은 삶이라는 것이다. 관조의 진정한 대상은 "도덕적 희망이나 신비한 환상이 아니라 어떠한 의미도 존재하지 않는 사실들"이다.

『동물들의 침묵』에서는 동일한 문제의식의 방향을 약간 틀어, 언제나 인지 부조화 상태에 있기에 신화 없이는 살 수 없는 인간의 진보에 대한 맹신을 자신의 동물적 본성을 부인하며 인간이 더 우월하다고 생각하는 오만과 연결시킨다. 그는 제국주의, 나치의 학살, 소비에트의 기근, 인플레이션과 서브 프라임 모기지 사태를 비롯한 다양한 인간 사회의 참상들에서 나타나는 인간 동물의 특징으로 "경험에서 교훈을 얻는 능력은 만성적으로 결여된 채로 지식만 가속적으로 쌓아 올릴 수 있다는 점"을 꼽는다. 현대의 인본주의자들은 자신들이 믿는 것이 신화라는 것을 인정하지 않고, 인간이 신화 없이 살 수 있다고 주장하지만 그런 일은 불가능하다. 소크라테스적 '이성' 신화와 기독교적 '구원' 신화를 합친 그들은 역사의 목적이 인간의 잠재력의 실현이라고 믿지만 역사는 아무런 목적을 갖지 않는다.

인간을 동물과 구분해주는 것, 우월성의 표지라고 여겨지는 것으로는 이성 외에도 언어가 있다. 동물들에게도 언어는 있지만 인간은 이들과는 다른 고도의 분절적인 언어능력을 가지기 때문에 특별하다고 이야기된다. 그레이는 언어에 대한 통념에서 벗어나 달리 사유하고자 했던, 삶의 모순을 받아들이고 인간 중심적 관점에서 벗어났던 인간들의 삶과 사유를 보여준다. 『하찮은 인간, 호모 라피엔스』는 "그냥 바라보는 것을 목적으로 하는 삶은 생각할 수 없는 것일까?"라는 말로 끝나는데, 이런 삶을 동물들의 삶이나 삶의 모순을 받아들인 이들의 삶이 예시하는 것일 수도 있겠다. 그는 동물들의 침묵이 자연적 휴식 상태인 반면 인간은 내면의 소동에서 벗어나기 위해 침묵을 추구하는데, 침묵에 대한 추구로는 원하는 것을 찾을 수 없으니 자신의 밖을 향해 눈을 돌려 언어를 넘어선 무언가를 보라고 말한다. 이런 식으로 그는 다른 방식의 삶이 있음을 이야기한다.

　인간이 신화에서 벗어날 수 있다면 그것은 과학이나 철학을 통해서가 아니라 허구적 자아상에서 벗어나는 관조를 통해서다. 결국 우리는 세계에 의미가 부여돼 있지 않다는 점을 받아들일 때 스스로 만들어낸 의미에 갇히지 않고 좀 더 자유로워질 수 있을지도 모른다. 어떤 행복과 의미를 삶의 목표로 삼지 않고 "당신이 무엇을 원하며 당신이 누구인지와 같은 중요한 질문에 대한 답"을 다 정해놓지 않은 채 당신의 삶을 만들어가는 편이 더 좋을 것이다. 이러한 삶의 태도는 그레이가 고양이 줄리안에게 본받고자 했던 '상상으로 만들어낸 미래 속에 살지 않는' 태도와 일맥상통한다.

『고양이 철학』에서 그레이는 철학뿐만 아니라 회고록과 소설 등 여러 문헌을 이용해 고양이가 인간과 언제부터 함께 살게 됐는지, 인간의 어리석음으로 인해 고양이를 포함한 동물들과 인간들이 어떻게 고통 받았는지, 인간들이 고통과 자기혐오를 어떻게 동물에게 투사했는지에 대해 논하면서 고양이의 본성과 인간의 본성의 차이를 드러낸다. 그러므로 우리는 다양한 철학자의 사상을 살짝 맛볼 수 있을 뿐만 아니라 실재했던 고양이들의 이야기와 고양이와 인간의 교류사에 대해서도 알 수 있다.

이 책의 초반부는 철학이 인간의 정신의 허약함을 나타내는 것이며, 필멸로 인한 불안을 해소하기 위해 끊임없이 이야기를 만들어내는 인간과는 달리 고양이에게는 이러한 허구가 필요 없다는 내용으로 시작된다. 서구 철학의 합리주의 전통을 대표하는 데카르트는 비인간 동물을 분별없는 기계라고 생각했고 다른 철학자들도 인간을 더 우월한 존재로 생각했지만, 몽테뉴를 비롯해 주로 기존 철학 전통에서 벗어나 이성을 의심하는 철학자들은 그렇게 생각하지 않았으며 동물에게 배울 점이 있다고 보았다. 인간은 죽음을 두려워하면서 의미와 행복을 추구하고 끊임없이 기분 전환으로 불안을 없애려 한다. 이 기분 전환에는 철학, 심리 치료, 삶을 관리하려는 여러 시도가 포함된다. 당연히 철학자들은 행복해지는 방법, 효과적인 기분 전환의 방법, 더 나아가 완전한 평정심을 찾을 수 있는 방법에 대해 이야기해왔지만 결국 철학으로는 이런 것들을 이룰 수 없다. 이런 추구 자체가 인간 동물의 결함이자 독특한 특성인 것이다.

그레이는 좋은 삶이 무엇인지에 대한 질문에 답하기 위해 많은 사람이 분명하게 가치 있는 것으로 여기는 도덕관념을 비판한다. 도덕은 일신교의 잔재이며 보편적이고 명백한 것이 아니다. 좋은 삶은 도덕에 따르는 삶이 아니라 고양이처럼 자신의 본성에 따르는 삶이다. 그는 아리스토텔레스와 같은 철학자들의 인간중심적인 덕에 관한 견해와 대조되는 것으로 고대 그리스의 디케, 도교의 도, 스피노자의 코나투스 관념을 통해 각 개체만의 방식으로 각자의 본성에 따르는 삶이 좋은 삶이라는 점을 밝힌다. 합리주의 철학 전통은 인간이 의식적으로 될수록 더 좋은 삶을 살 수 있다고 믿지만 그것으로 인간의 불행은 해소되지 않으며, 이론을 적용하는 것은 현실적으로 별 도움이 안 된다.

그레이에 따르면 불안을 무의식으로 밀어 넣은 채 분열되고 단절된 삶을 살아가는 인간과 완전히 다른 고양이는 선불교의 무심 상태를 타고났다. 우리는 본성적으로 만족하며 살아가는 고양이들이 우리와는 너무나 다르기 때문에 그들을 사랑한다. 고양이는 인간에게 다른 인간이 줄 수 없는 것을 준다. 인간의 사랑은 증오와 섞이기 쉽지만 동물에게 느끼는 사랑은 왜곡되지 않으며, 우리를 삶의 불안으로부터 잠시라도 벗어나게 해줄 뿐만 아니라 세상을 다른 방식으로 볼 수 있게도 해준다. 포스트모더니스트들은 인간은 본성이 없고 각자 선택한 대로 무엇이든 될 수 있다고 주장하지만, 그레이가 보기에 인간들은 각기 다양한 삶을 살아감에도 불구하고 의미 추구라는 보편적인 본성을 가진다. 인간에게 좋은 삶은 선택할 수 있는 것이 아니라 발견되는 것이다. 인간은 다른 동물보다 우월하지 않고 다른 동물처럼 될 수도 없지만, 지금 살고 있는 삶이 좋은 삶이라는 것을 고양이에게서 배울 수 있다. 우리는 삶에서 행복과 의미를 추구하는 대신 있는 그대로의 세상을 바라보며 삶 자체의 감각을 느낄 수 있다.

그레이는 『하찮은 인간, 호모 라피엔스』에서 인간 종이 지속되어야 할 이유가 없으며 곧 멸종할 것이라고 말한 바 있다. 광범위한 인간에 대한 통념과 대부분의 긍정적인 지향들을 전 방위적으로 비판하므로 그는 모든 것을 쓸어내버리는 비관주의자라는 평을 듣기도 한다.『고양이 철학』에 대해서도 누군가는 고양이 같은 무관심이나 도교의 관조로는 현재의 심각한 문제들을 해결할 수 없으며, 고양이에게는 고양이의 본성과 행동이 이롭겠지만 새에게도 그런지 한번 물어봐야 할 것이라고 말하기도 한다. 극단적이라고 할 수도 있는 이런 식의 글쓰기에는 으레 인간의 악함을 강조하면서 집단적 성취를 무시하는 반동적인 시도라거나, 더 단순하게는 이것도 저것도 환상이고 행복도 의미도 추구하면 안 되며 관조하라니 뭐 어쩌라는 거냐는 반응이 따르기 마련이다. 이런 반응들에 대해 그레이는 언제나 자신이 모든 걸 문자 그대로 생각하는 모종의 직해주의와 싸우고 있는 듯하다는 의견을 밝힌다. 그는 절망과 멸망을 예언하려는 것이 아니라, 단순하게 답할 수 없는 문제들에 간편한 답을 내놓는 이데올로기들을 문제시하면서 삶의 현실을 가리는 허구를 없애고자 하는 것이다.

한편 관조로는 해결할 수 없다는 현재의 심각한 문제들에 대해 생각해보자면, 우리는 팬데믹 시대를 살면서 속수무책으로 수백만 명의 죽음을 목격했고 지금도 매일 사람들이 죽어가는 것을 목격하고 있다. 불확실성이 한층 더 커지고 장기적 전망 또한 어려워졌다. 부자와 빈자의 양극화는 더욱 심화되었고 각종 음모론과 불신이 만연한 상황이다. 특별한 관심을 가지고 지켜보지 않아도 사회의 약한 고리들이 여실히 드러나고 있음을 실감할 수 있다. 여전히 전쟁과 학살은 지속되고 있으며 지구 곳곳의 이상 기온, 산불과 홍수로 체감된 기후변화는 앞으로 더 극심해질 것이다. 늘 그랬듯 그 와중에도 부족하게나마 진보라고 할 수 있을 크고 작은 발걸음과 노력들이 존재하고, 여러 차원에서 인간들은 전진과 퇴보를 반복하고 있다. 그런데 이런 참상들을 일부 사상가들이 말했던 것처럼 천국이나 유토피아로 향하는 여정에서 거칠 수밖에 없는 의미 있는 과정이라고 보기는 어려울 것이다. 현재의 학살과 빈곤과 고통에서 교훈을 얻을 수야 있겠지만 애초에 그것들은 우리에게 뜻깊은 교훈을 주기 위해 일어난 것은 아니다. 대체로 그런 것들을 초래한 원인은 순전히 인간의 욕망과 탐욕인 경우가 허다하다. 그레이가 진보에 대한 맹신과 고통에 대한 의미 부여를 비판하는 것은 이런 측면에서이다. 진보가 존재하지 않으며 불가능하다는 게 아니라, 개선되고 지속되어야만 진보라고 할 수 있는 사회의 어떤 상태가 너무 쉽게 무너질 수 있고 재건하긴 어렵다는 것, 즉 점진적으로 축적되는 진보라는 관념이 허구라는 것이다. 그는 무엇보다도 진실을 바라보는 것이 중요하다고 주장하면서 자신이 말한 것이 인간의 오만에 대한 경고가 되길 바란다.

그렇다면 우리는 희망찬 미래로 진격하느라 바쁜 나머지 현실의 모순을 무시하는 자가 될지, 조금은 비관적일지도 모르지만 사태의 진실을 들여다보려고 노력하는 자가 될지 한 번쯤 고민해볼 수 있다. 먹고 살기도 힘든데 왜 그런 일을 해야 하냐고 생각할 수도 있겠지만 이런 고민은 거창한 문제를 해결하는 위업을 이루는 영웅이 되기 위한 것이 아니다. 우리 모두는 동물뿐만 아니라 인간들과 함께 살아갈 수밖에 없으므로 자신과 자신이 속한 사회, 삶의 터전인 지구에 대해 생각해보아야 한다. 무엇보다도 자신에게 가장 흥미로운 것이나 가장 외면하고 싶은 것이 무엇인지 또 그 이유는 무엇인지 생각해보는 시간이 필요하다. 그래야 현재 또는 미래의 허구에 집착하지 않고 자기 자신에 대해 더 잘 알면서 본연의 모습으로 살 수 있기 때문이다. 그러기 위해 자신이 살 수 있었을지도 모를 삶이나 고통과 불안의 감정을 곱씹으며 의미를 부여하는 대신 현실을 현실의 모습 그대로 바라보는 관조로부터 약간의 도움을 받을 수 있다.

그레이는 추종자를 원하지도 않고 독자들을 설득하고 싶지
도 않다고 여러 인터뷰에서 밝혀왔다. 누군가가 설득이 될지
안 될지에 대해서 그다지 신경 쓰지 않으며 자신이 말한 것
을 누군가가 완전히 이해하리라고 예상하지도 않는다. 자신
은 그저 생각하고 발견한 것을 출간할 뿐이고, 그 책이 독자
들에게 어떤 생각의 출발점이 될 수 있다면 그걸로 족하다는
것이다. 어떤 생각을 하고 어떤 결론에 가닿을지는 독자 개인
의 문제다. 아마 고양이의 조언들도 이런 식으로 받아들여지
면 좋을 것이다. 걱정과 불안에 휩싸이지 않은 채 — 물론 동
물들도 불안해하고 감정을 느끼지만 인간이 그들을 괴롭히
지 않는다면 상대적으로 걱정과 불안에 덜 휩싸인다고 할 수
있겠다 — 충만하게 현재를 사는 동물의 삶의 태도를 배워야
한다는 이야기는 완전히 새로운 이야기는 아니다. 그러나 어
떤 때보다도 불확실성이 커진 현재의 상황을 고려하면, 인간
의 본성과 대조되는 고양이의 본성으로부터 길어낸 이 소박
한 조언들에 귀를 기울여볼 법하다. 그것들이 마음에 들든 들
지 않든, 그럴듯하든 그럴듯하지 않든 간에 어떤 식으로든 자
기 자신, 동물의 삶과 인간의 삶, 통념을 벗어난 삶이나 의견
들에 대해 생각해볼 수 있는 계기가 된다면 그것으로 충분할
것이다.